TELEPATÍA

HÉCTOR REMEDIOS

TELEPATÍA
Héctor Remedios

Edición y corrección:
Marilyn Payrol

Diseño y maquetación:
Yusnier Mentado
Héctor Remedios

Textos / Texts
Elvia Rosa Castro
Marilyn Payrol

Fotografía:
Alejandro Alonso

Traducción:
Sonja E. Gandert

© 2018 - Héctor Remedios

Esta es la primera edición
This is the First Edition

Queda prohibida la reproducción total o parcial de esta obra por cualquier medio de impresión, en forma exacta, compactada o modificada, en español o cualquier otro idioma.

Esta obra ha sido posible gracias a los amigos

Stuart Ashman
Spencer Byrne-Seres
Yusnier Mentado
Marilyn Payrol
Sam Ashman
Josué Arteche
Jorge Luis Santana
Diana Rosa Pérez
Yadira Rubio
Karla Padrón
Yenisel Osuna
Yudeni Cabrera
Alejandro Alonso
Pavel Méndez
Luis Gómez
Olga Lidia Fernández
Jorge Luis Fernández
Bruno García
Marlys Fuego
Loliett Marrero
Paulino Fernández

Laboratorio de Nuevos Medios del ISA

PROCESS

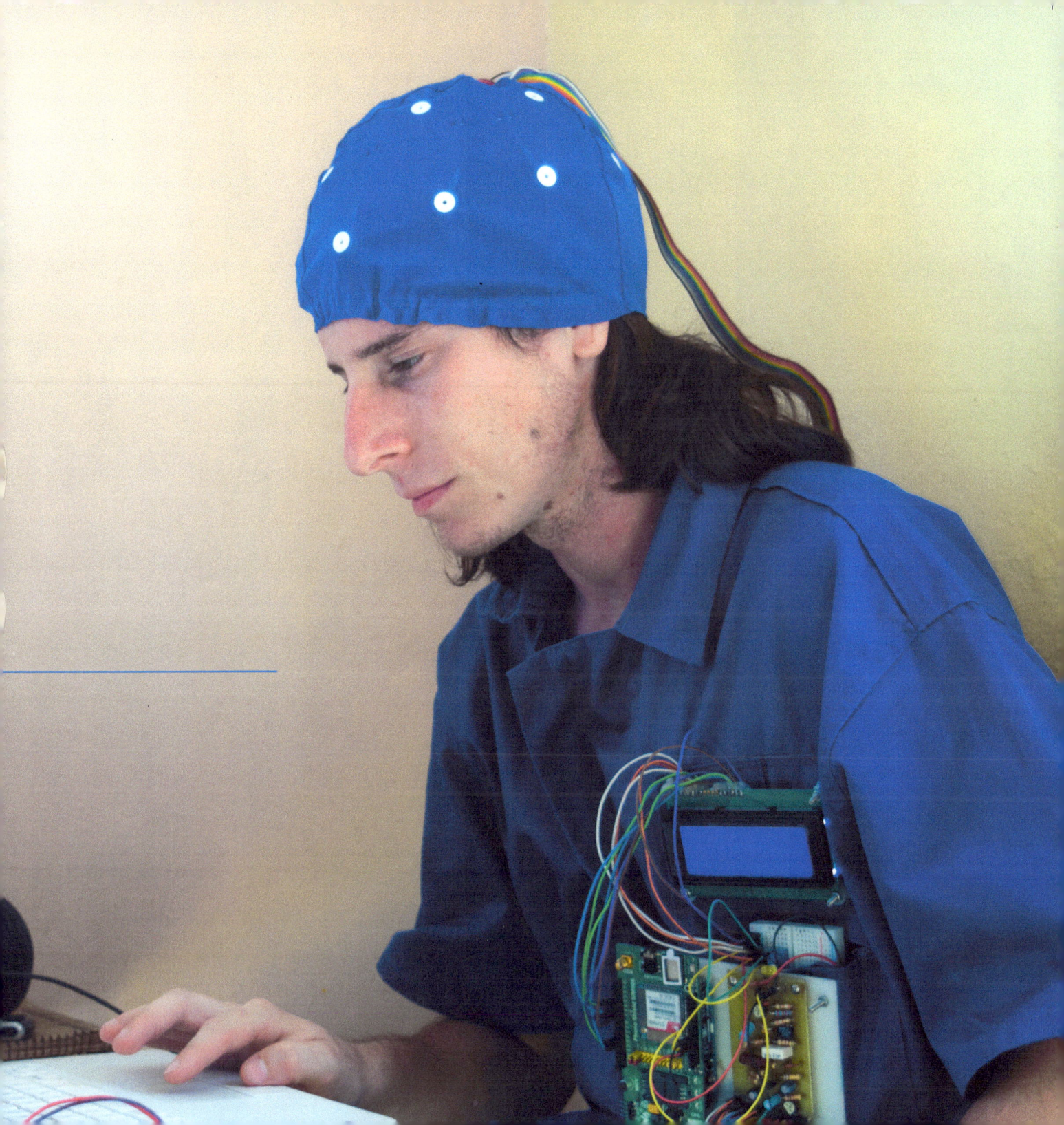

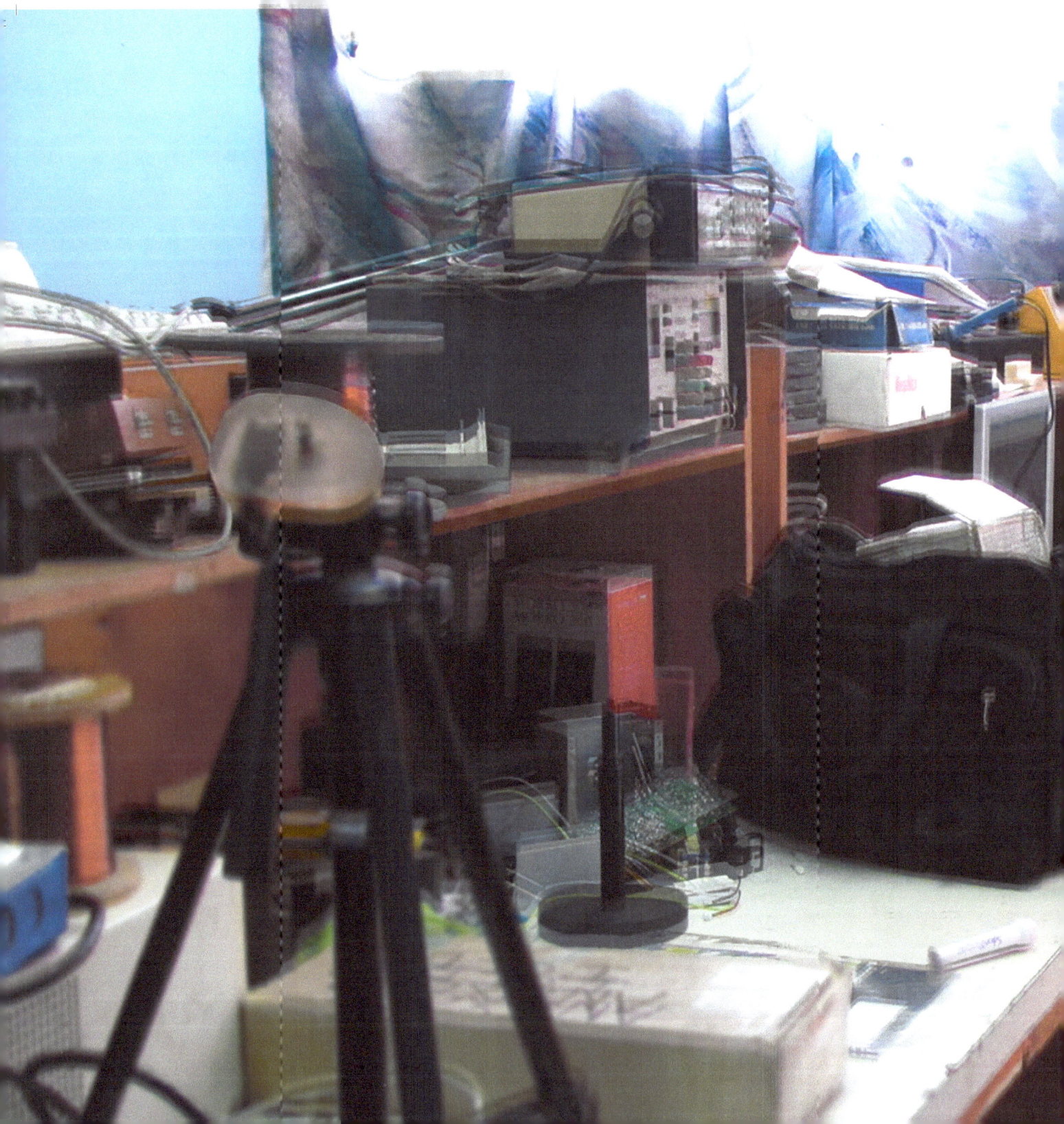

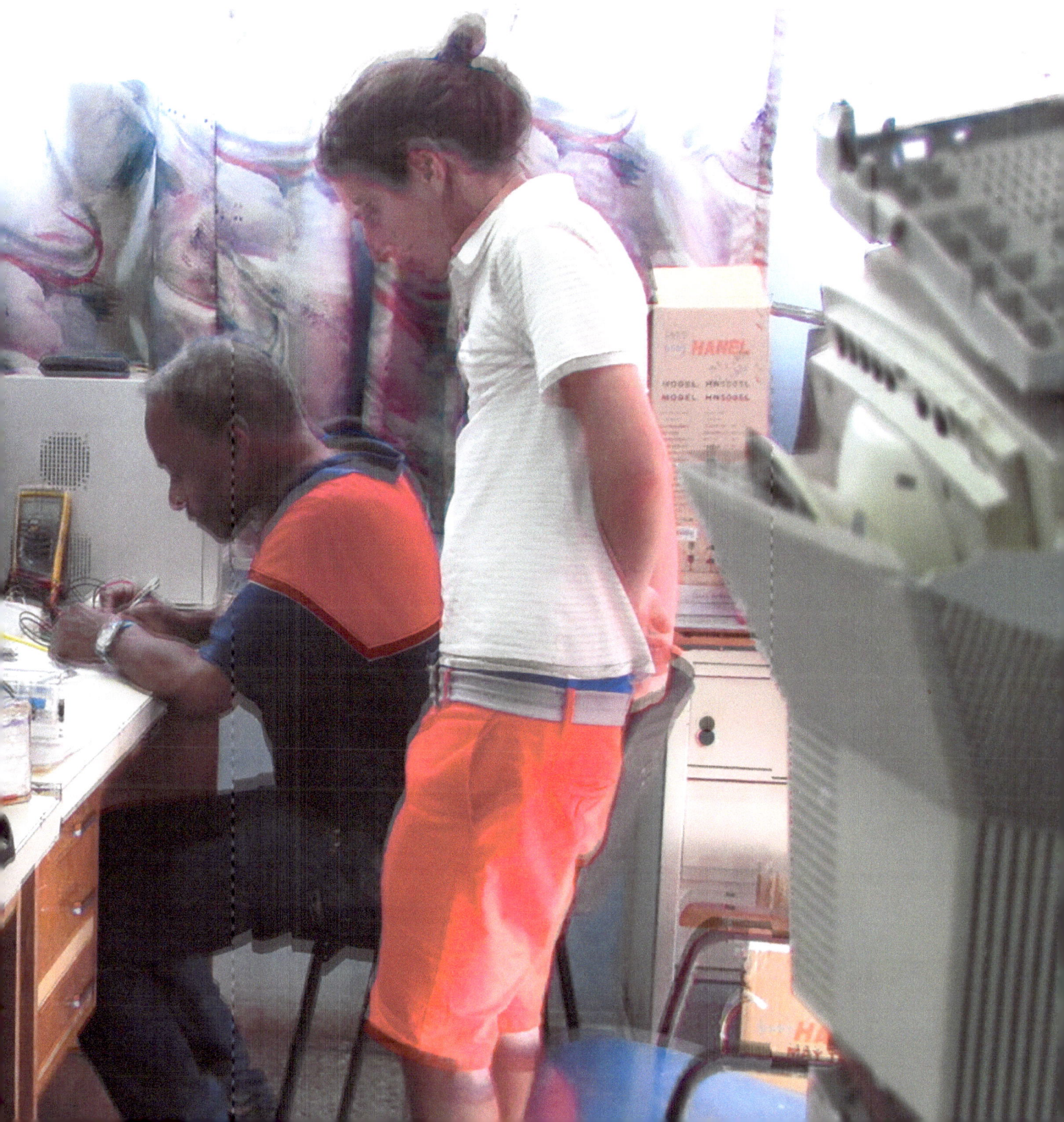

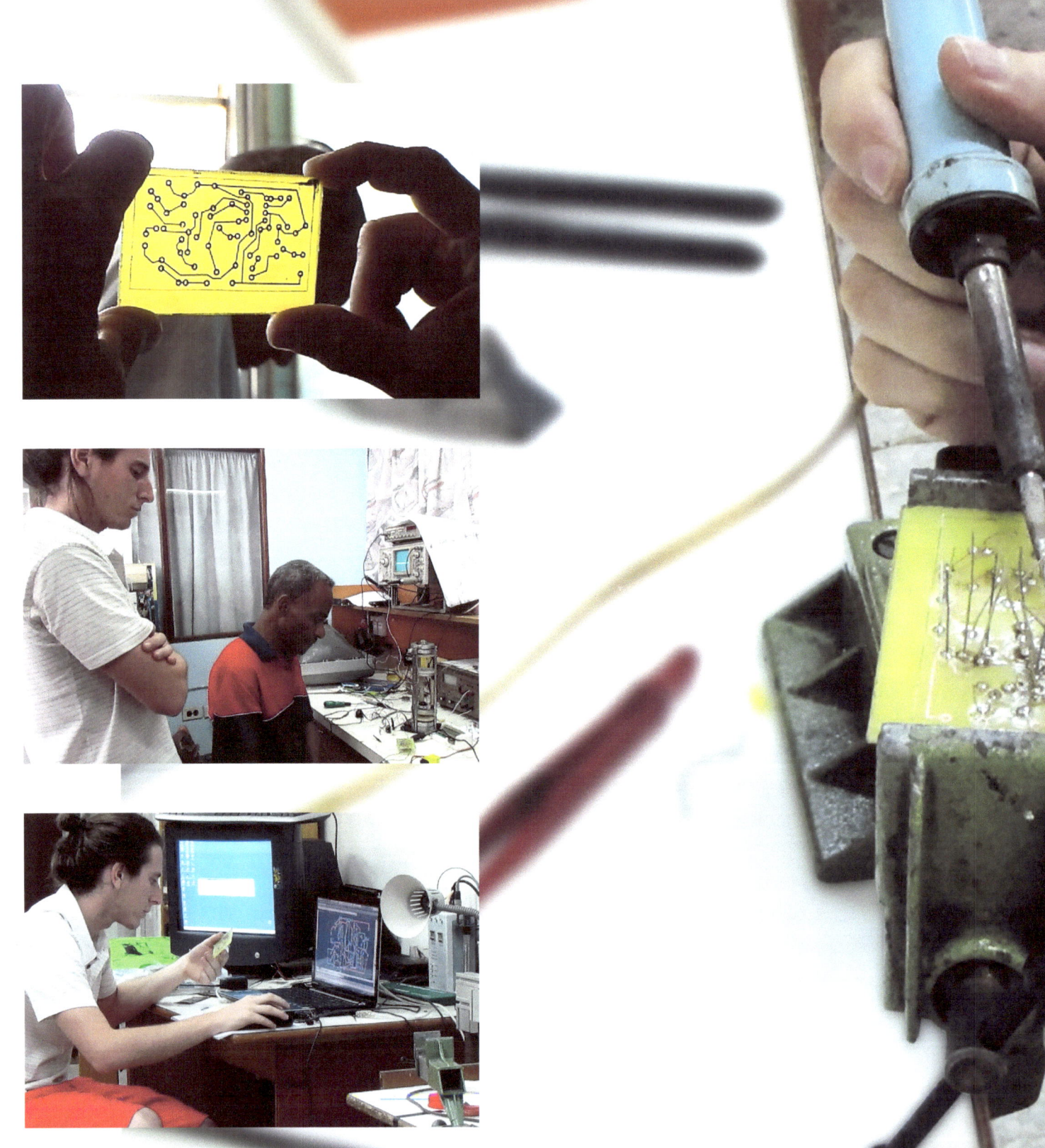

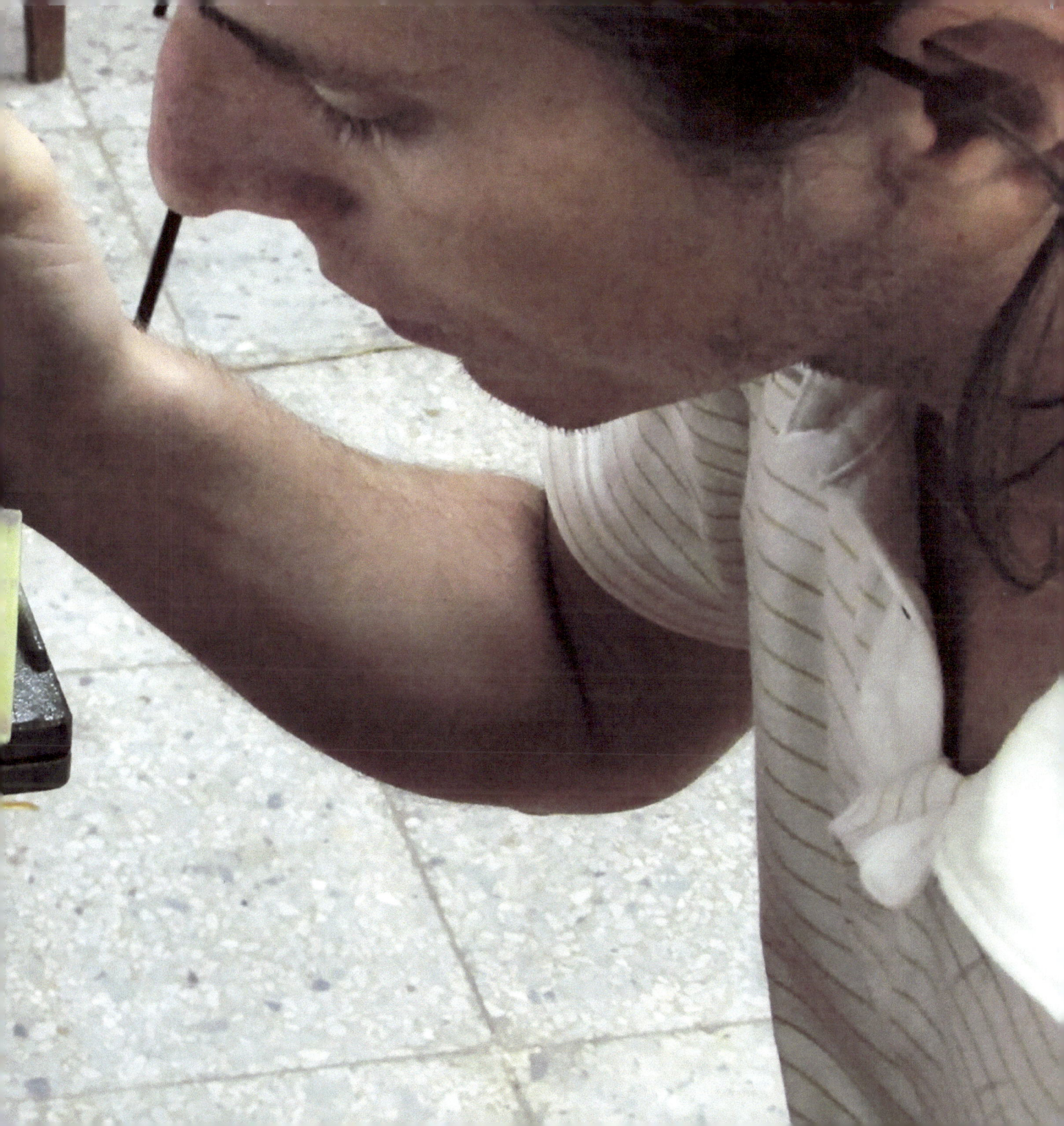

ACCIÓN

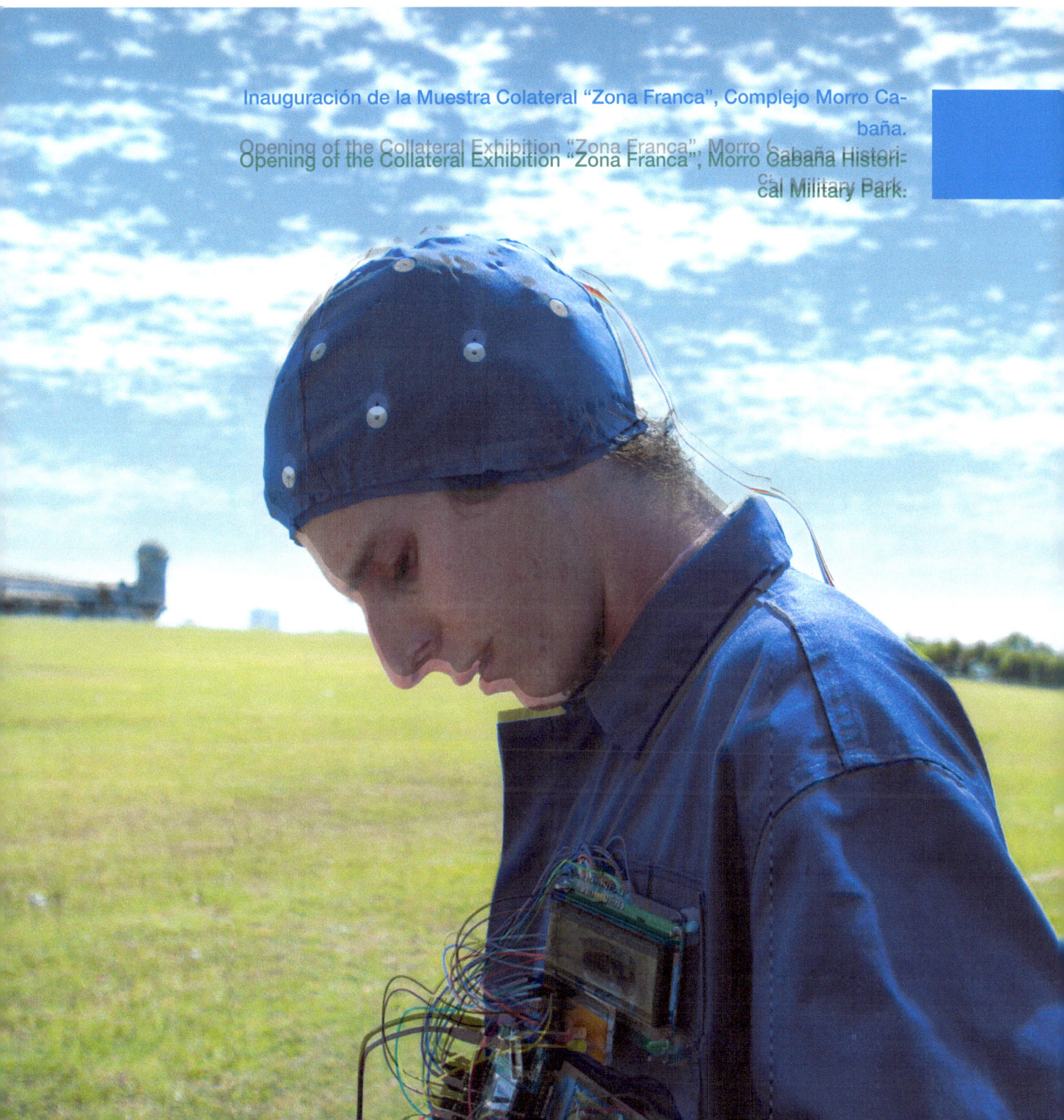

Inauguración de la Muestra Colateral "Zona Franca", Complejo Morro Cabaña.
Opening of the Collateral Exhibition "Zona Franca", Morro Cabaña Historical Military Park:

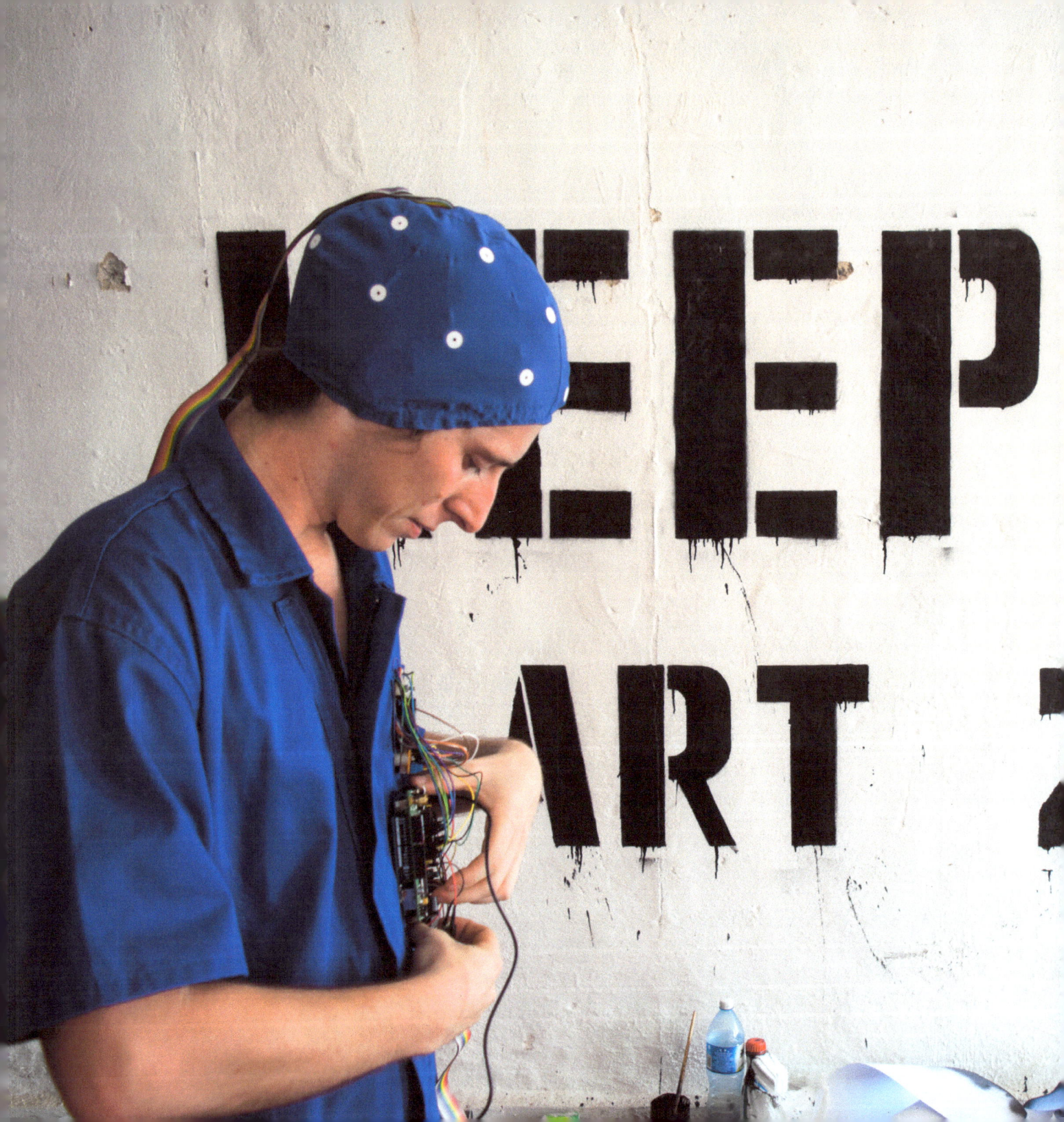

Inauguración de "La llegada al Fracaso", Muestra Colateral Zona Franca, Complejo Morro Cabaña. Al fondo "Keep out" obra de Héctor Remedios.

Opening of "La llegada al Fracaso", Collateral Exhibition Zona Franca, Morro-Cabaña Historical Military Park.

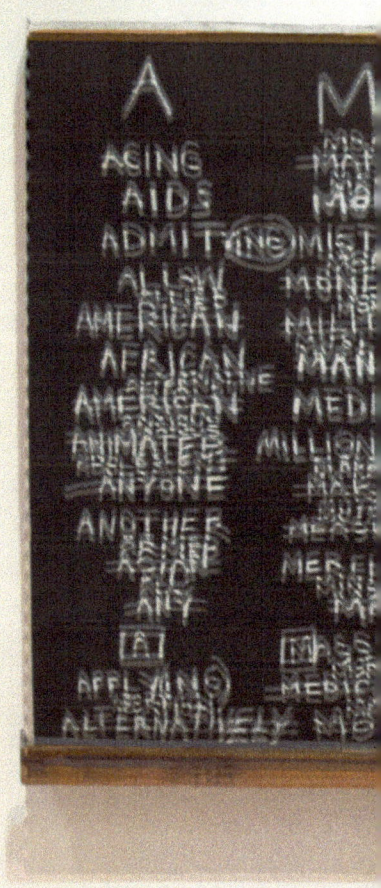

Inauguración de "Wild Noice", Muestra del Bronx Museum, Museo Nacional de Bellas Artes.

Opening of "Wild Noise", Artworks from the Bronx Museum of the Arts at Museo Nacional de Bellas Artes.

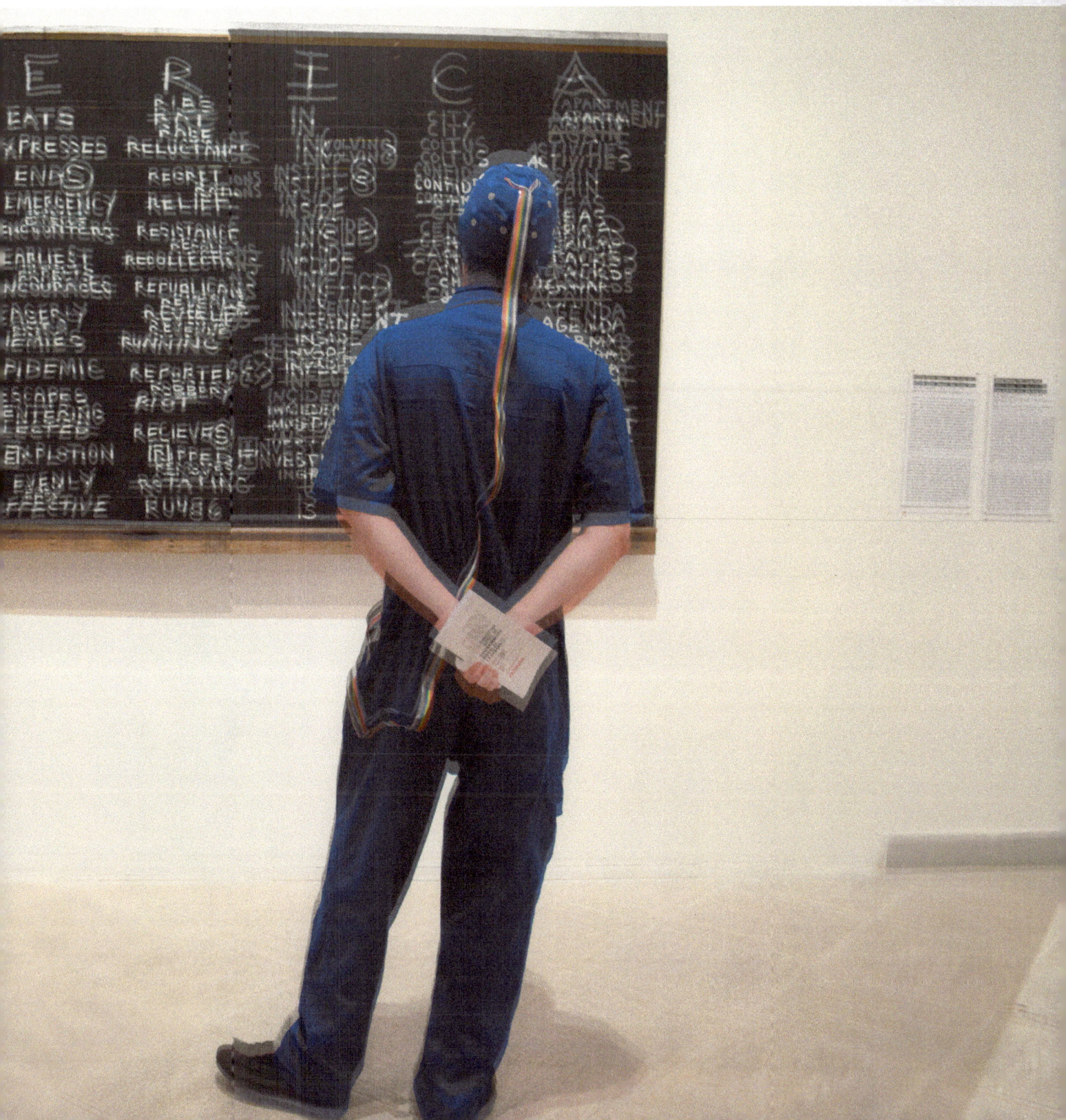

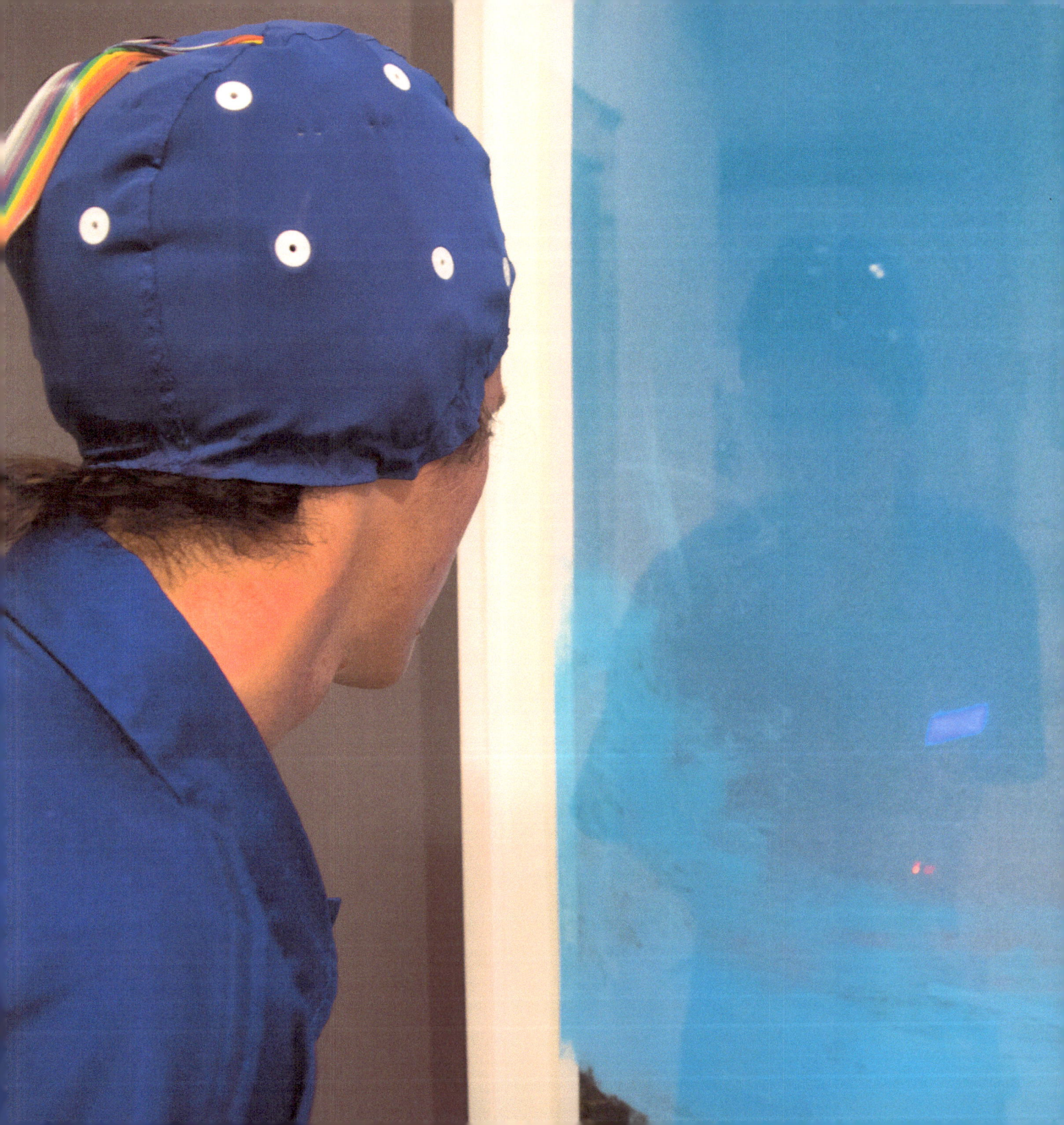

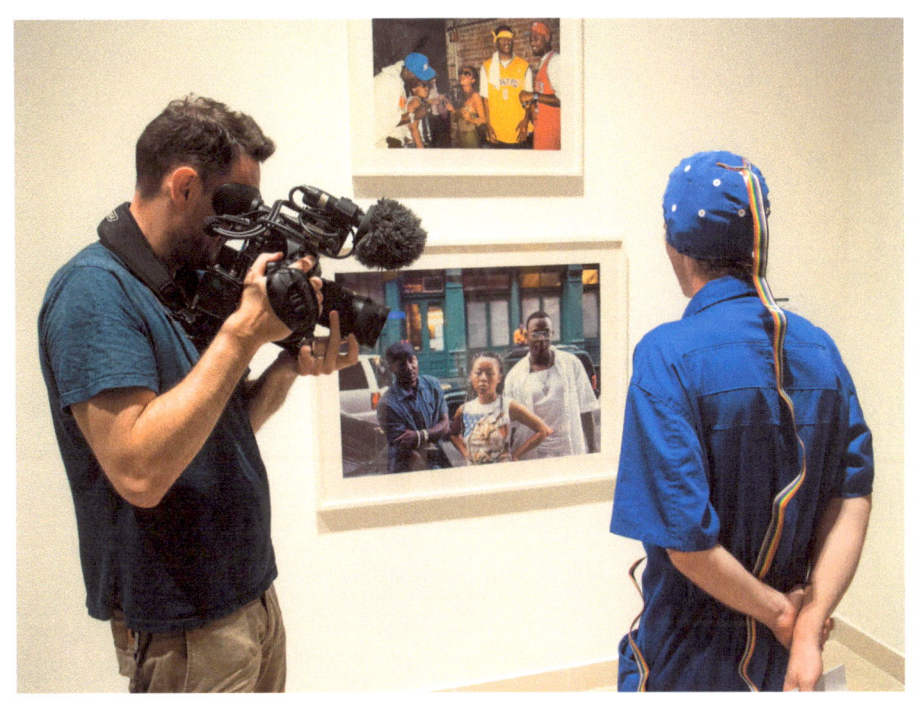
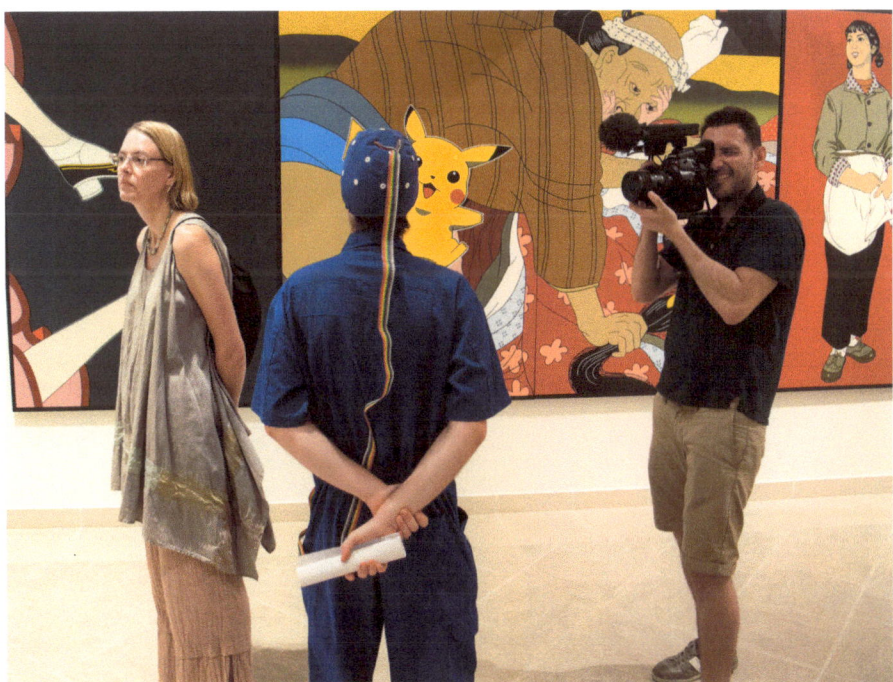

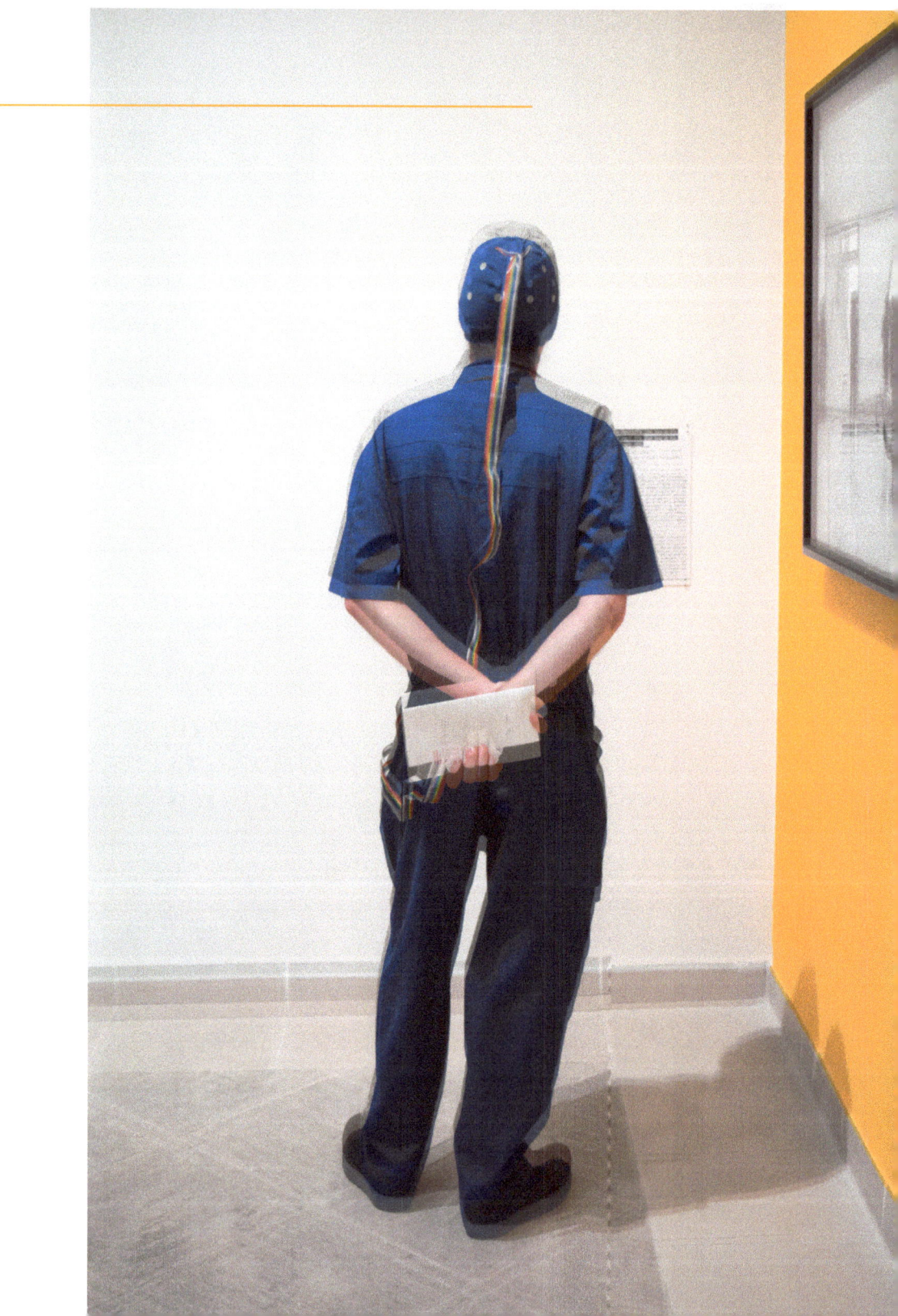

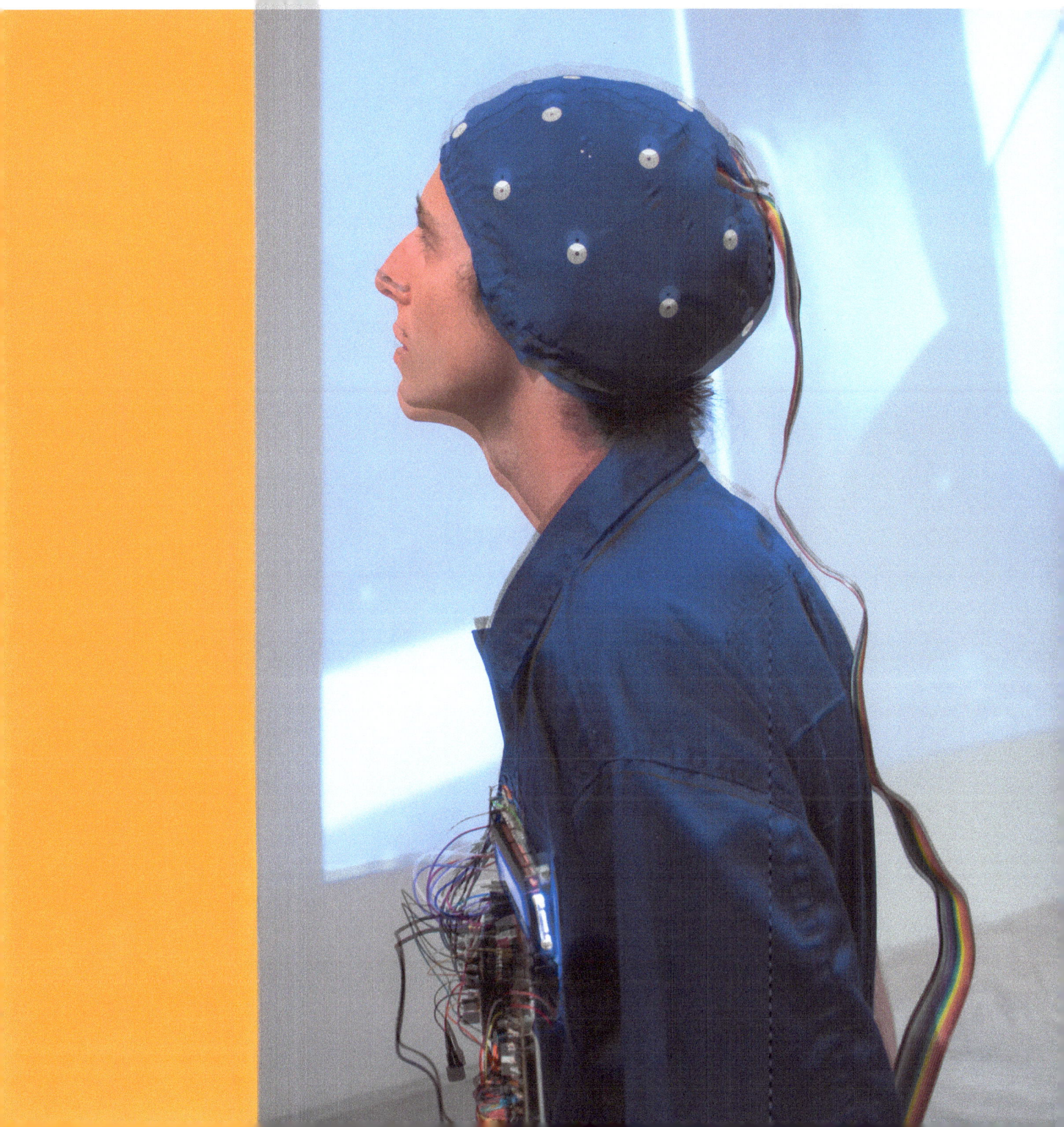

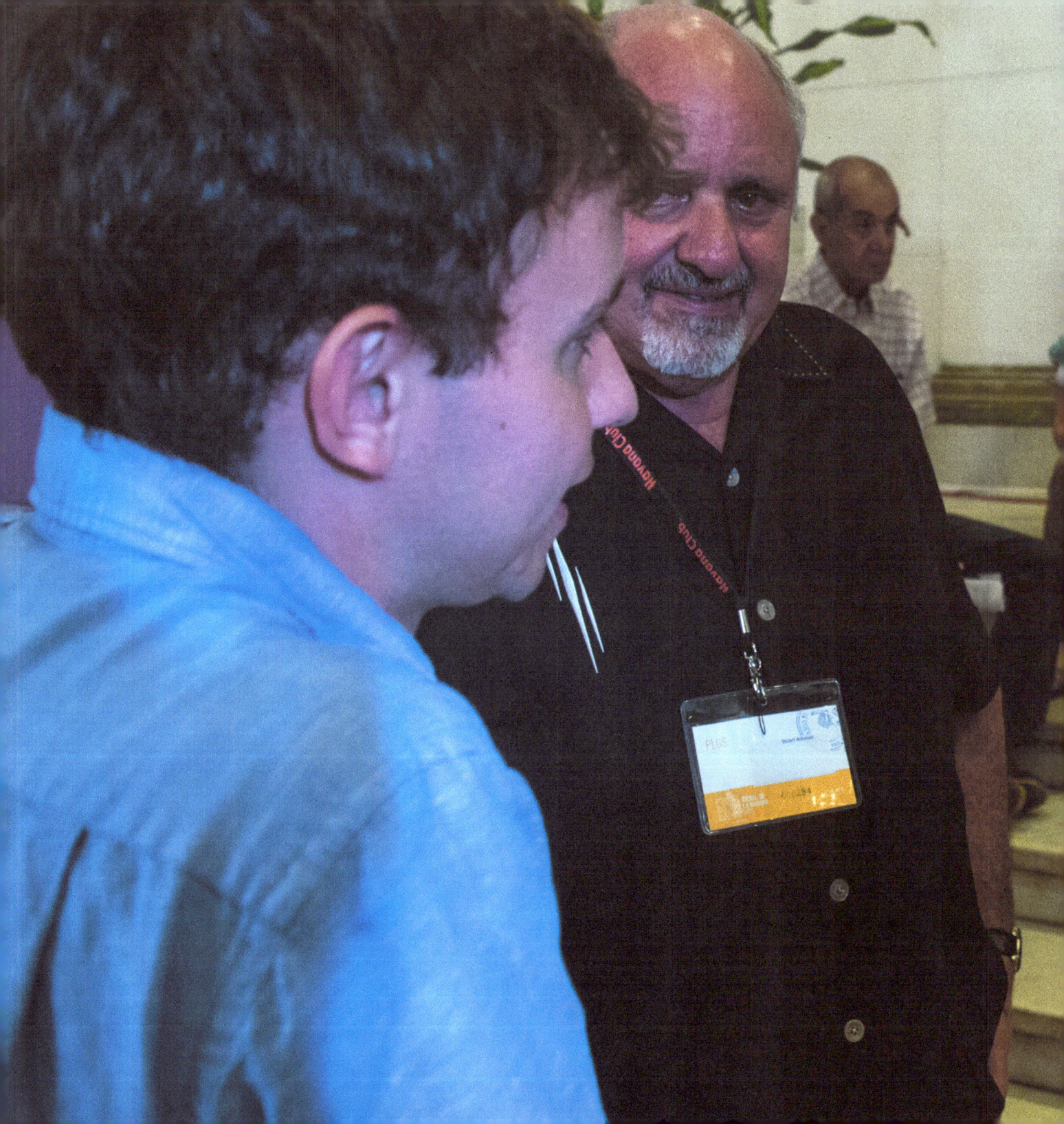

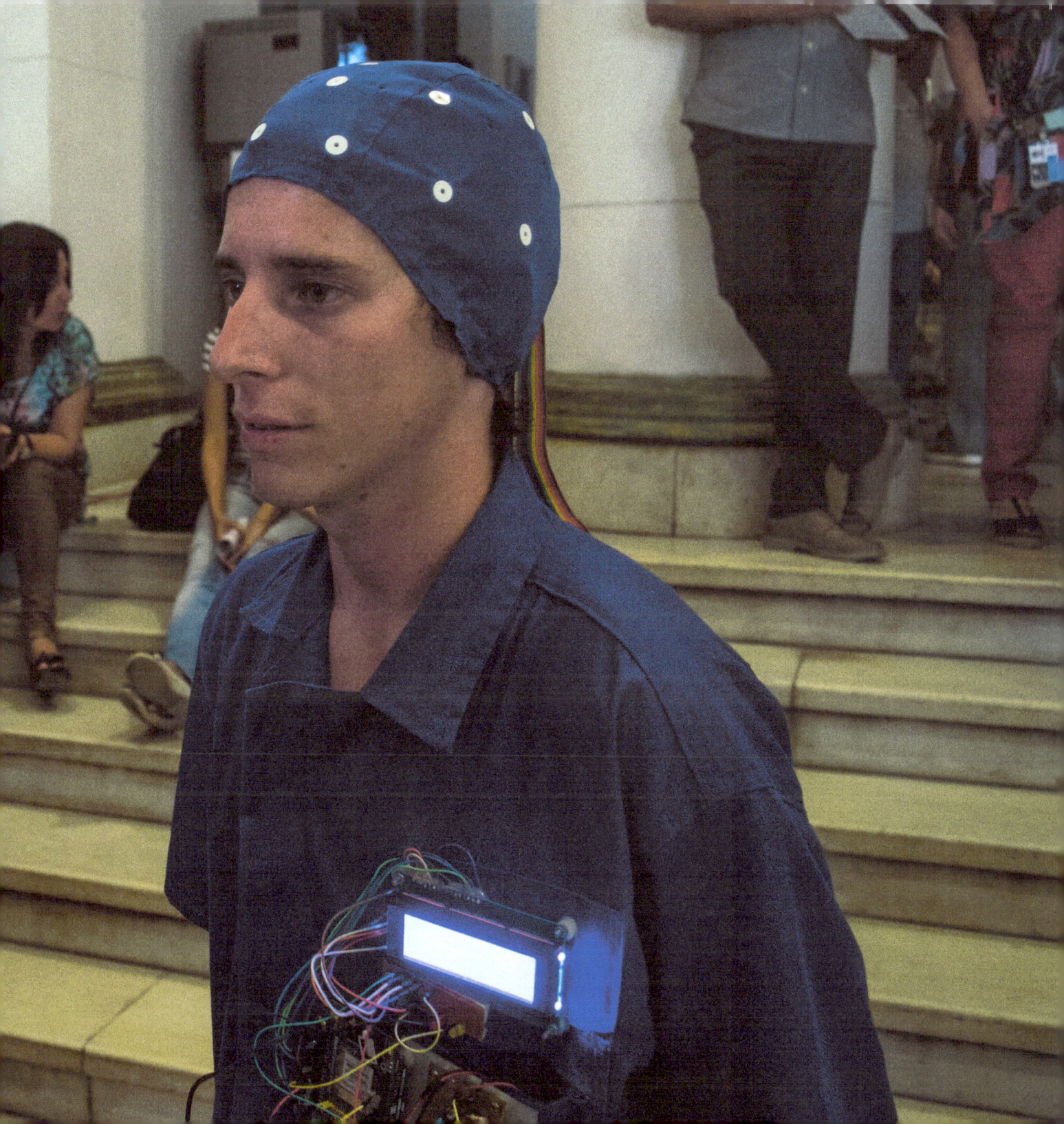

Inauguración Muestra Oficial de la 12 Bienal de la Habana, Centro de Arte Contemporáneo Wifredo Lam.
Official opening of the 12th Havana Biennial, Centro de Arte Contemporáneo Wifredo Lam.

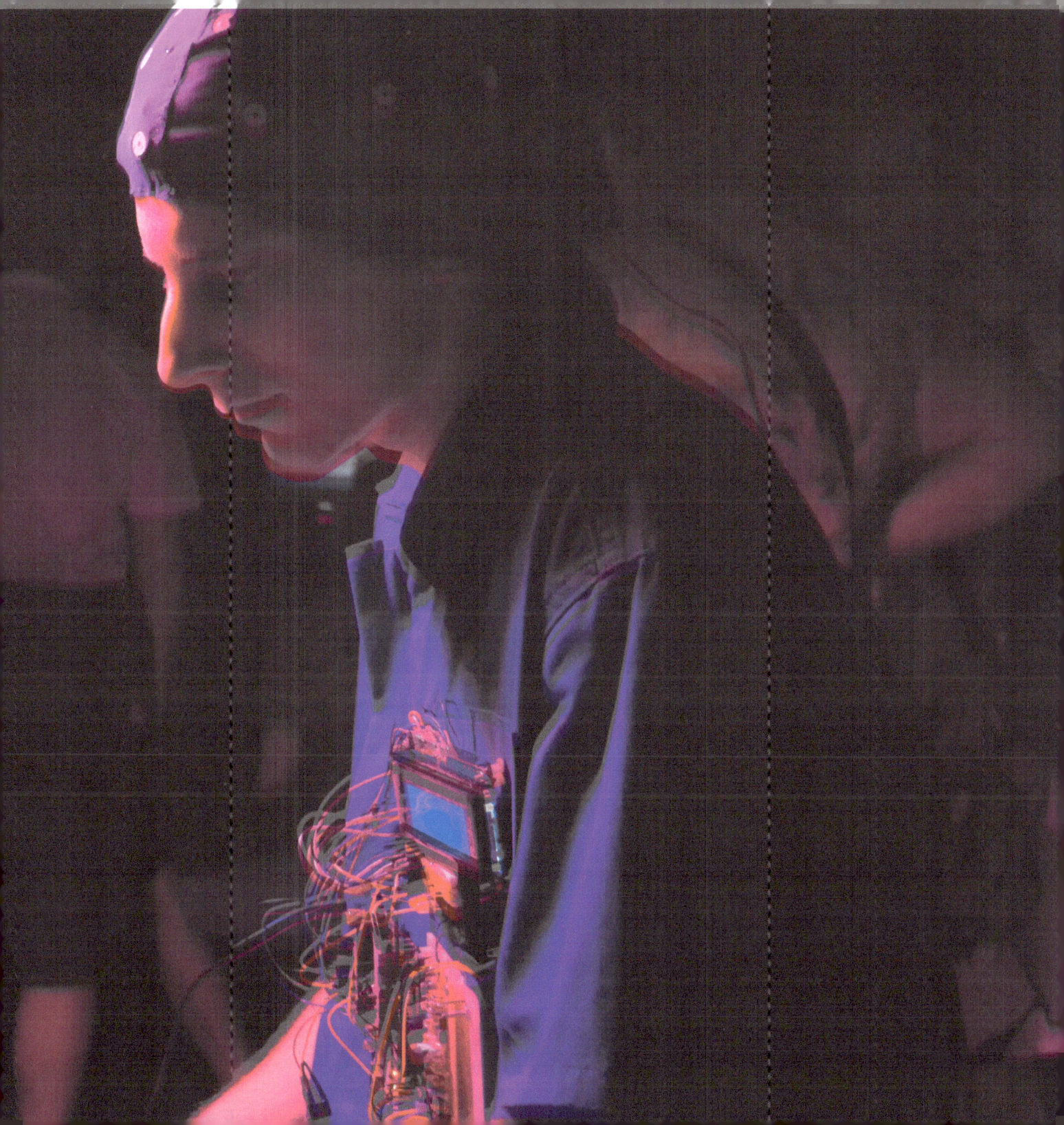

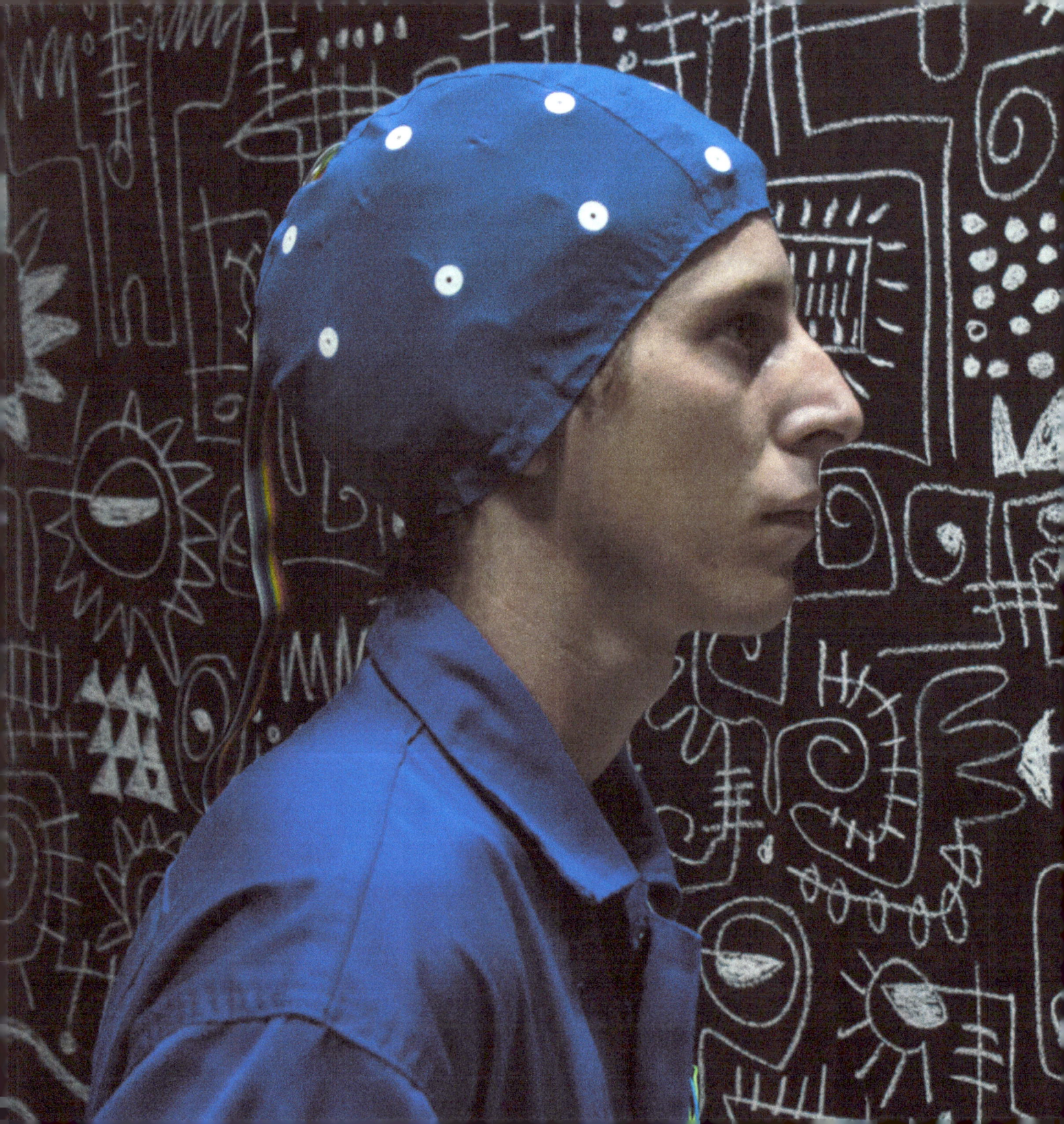

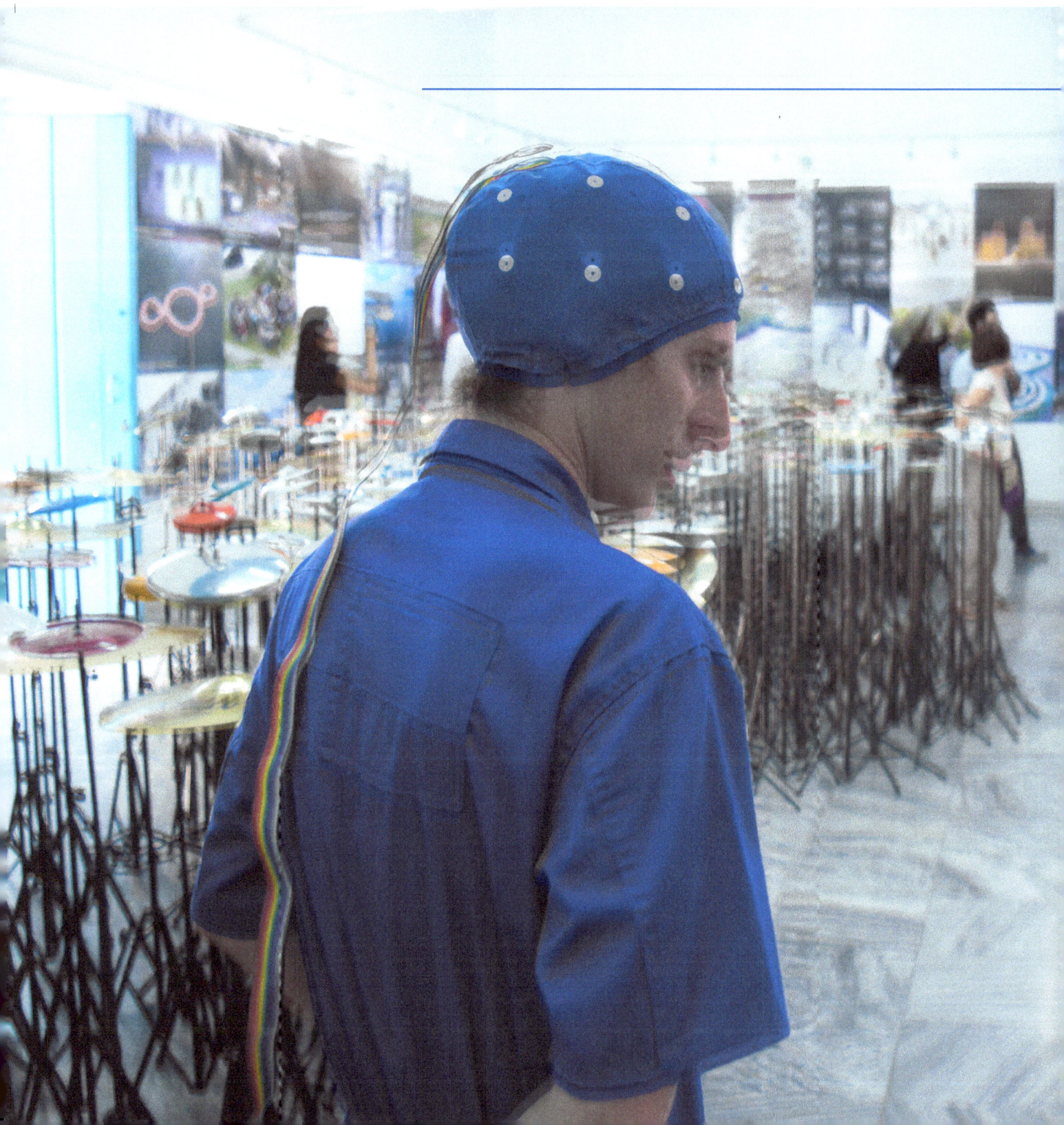

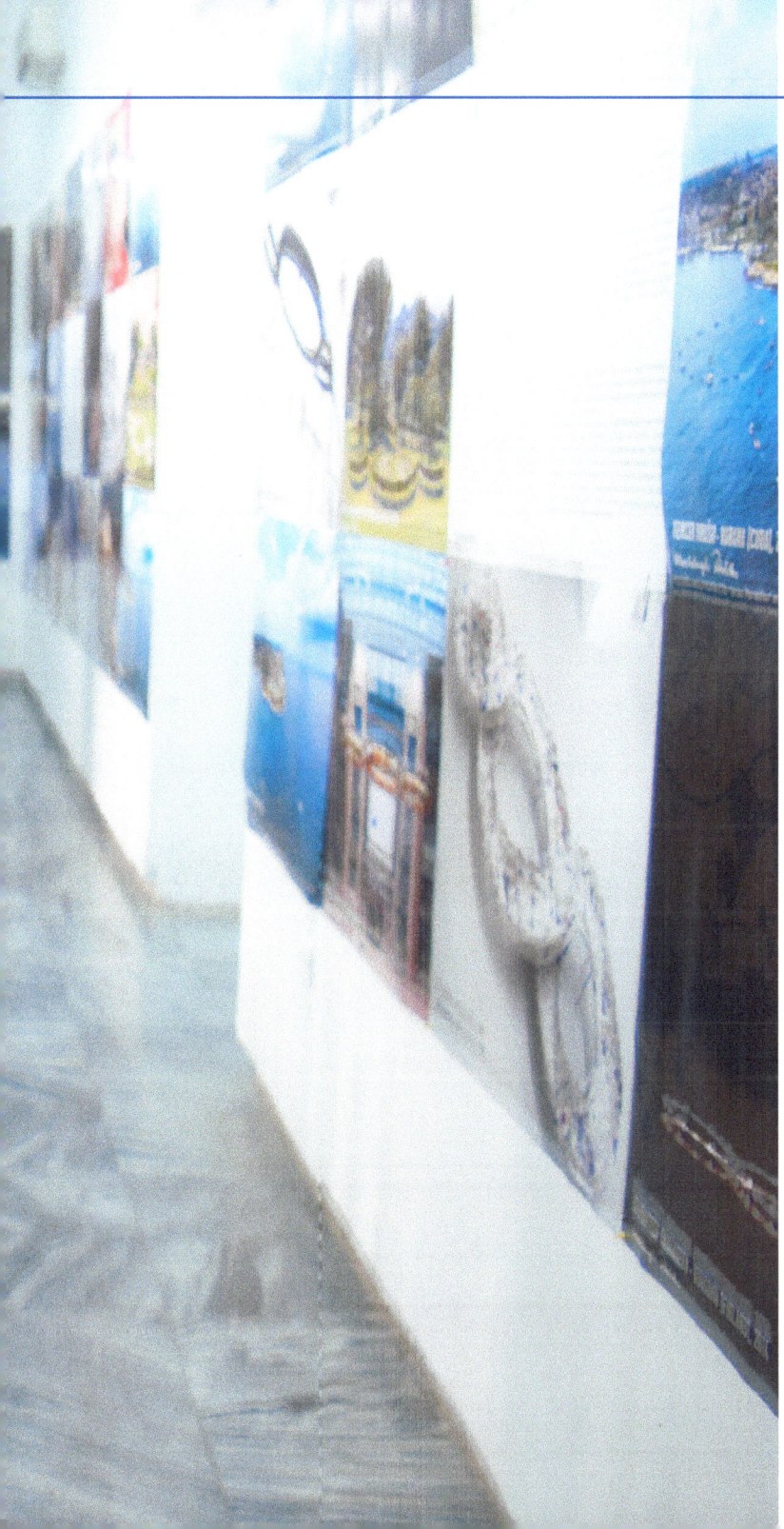

Documentación del performance "Tercer paraíso" por Michelangelo Pistoletto, Fototeca de Cuba, Habana Vieja.
Documentation of the performance "Tercer paraíso" by Michelangelo Pistoletto, Fototeca de Cuba, Old Havana.

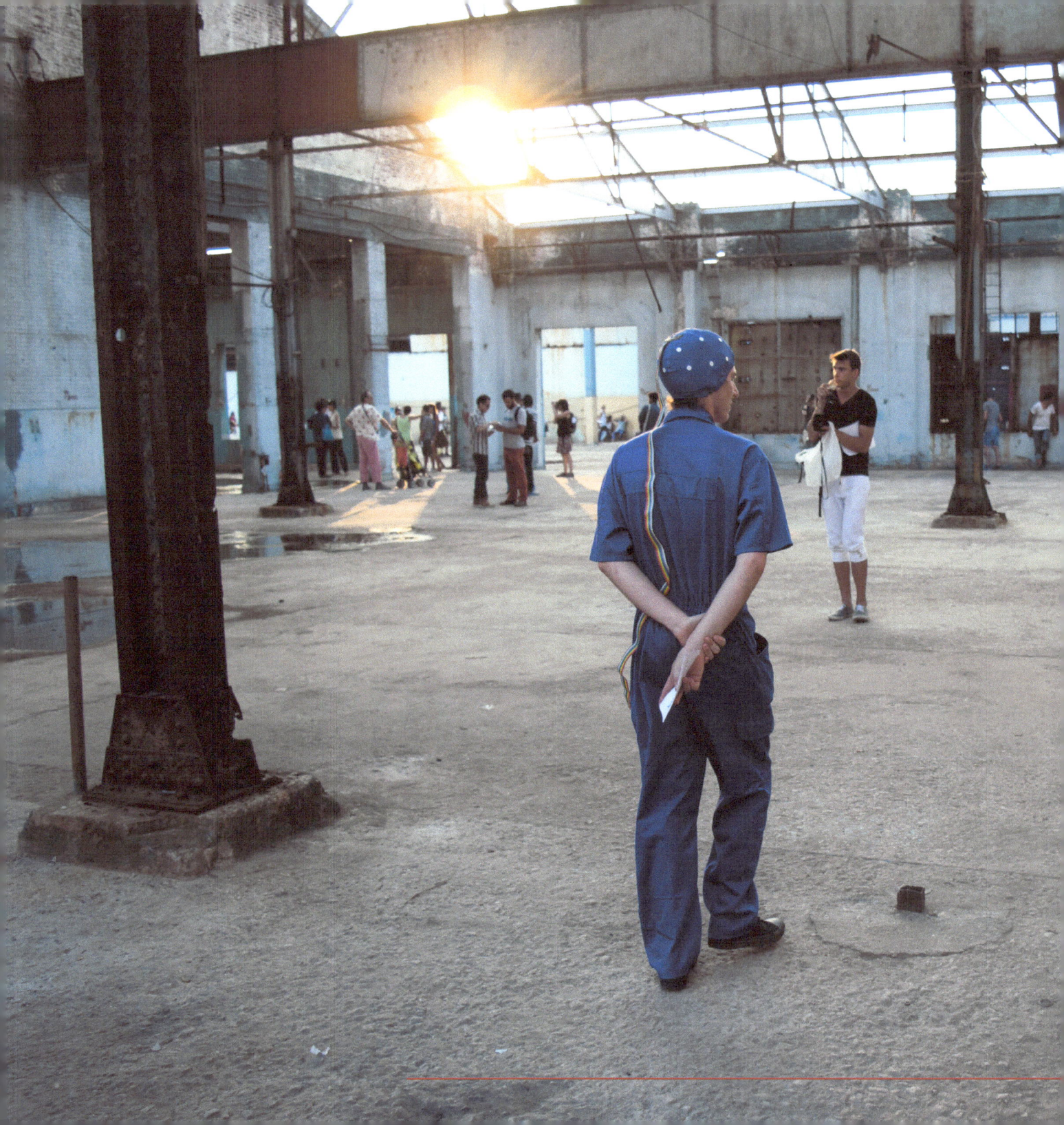

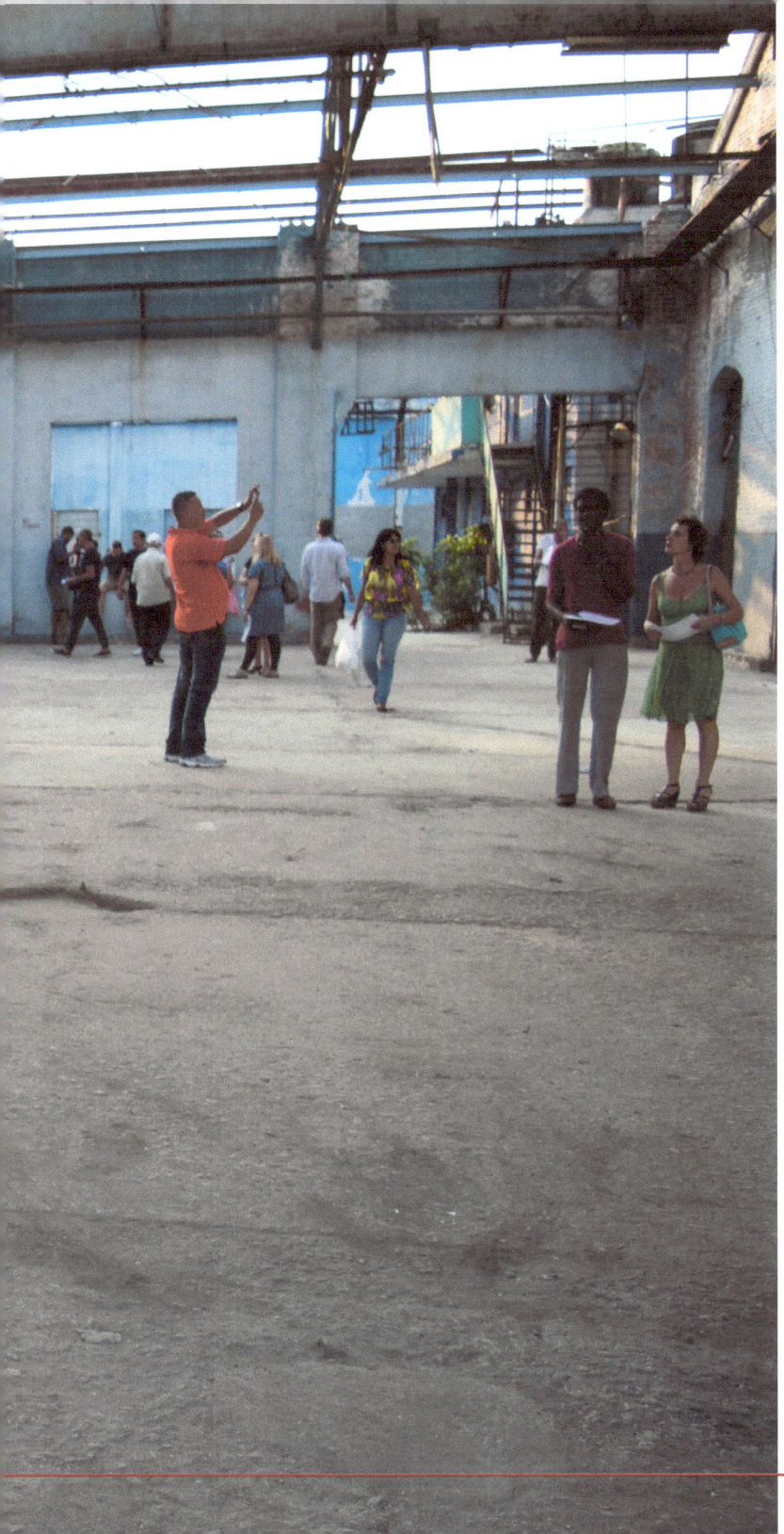

Inauguración de "Montaña con una esquina rota", Línea y 18, Vedado.
Opening of "Montaña con una esquina rota", Linea and 18, Vedado.

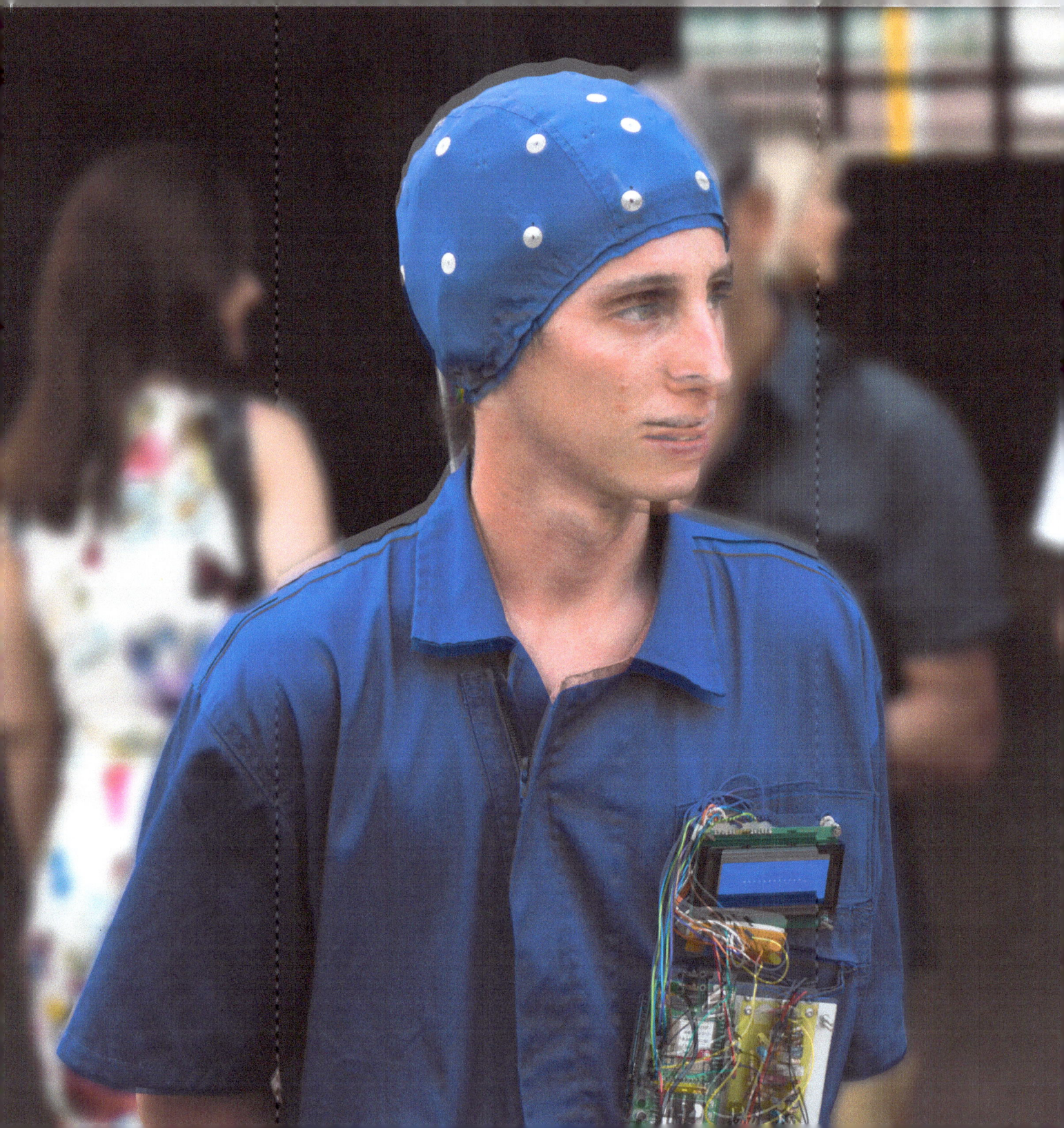

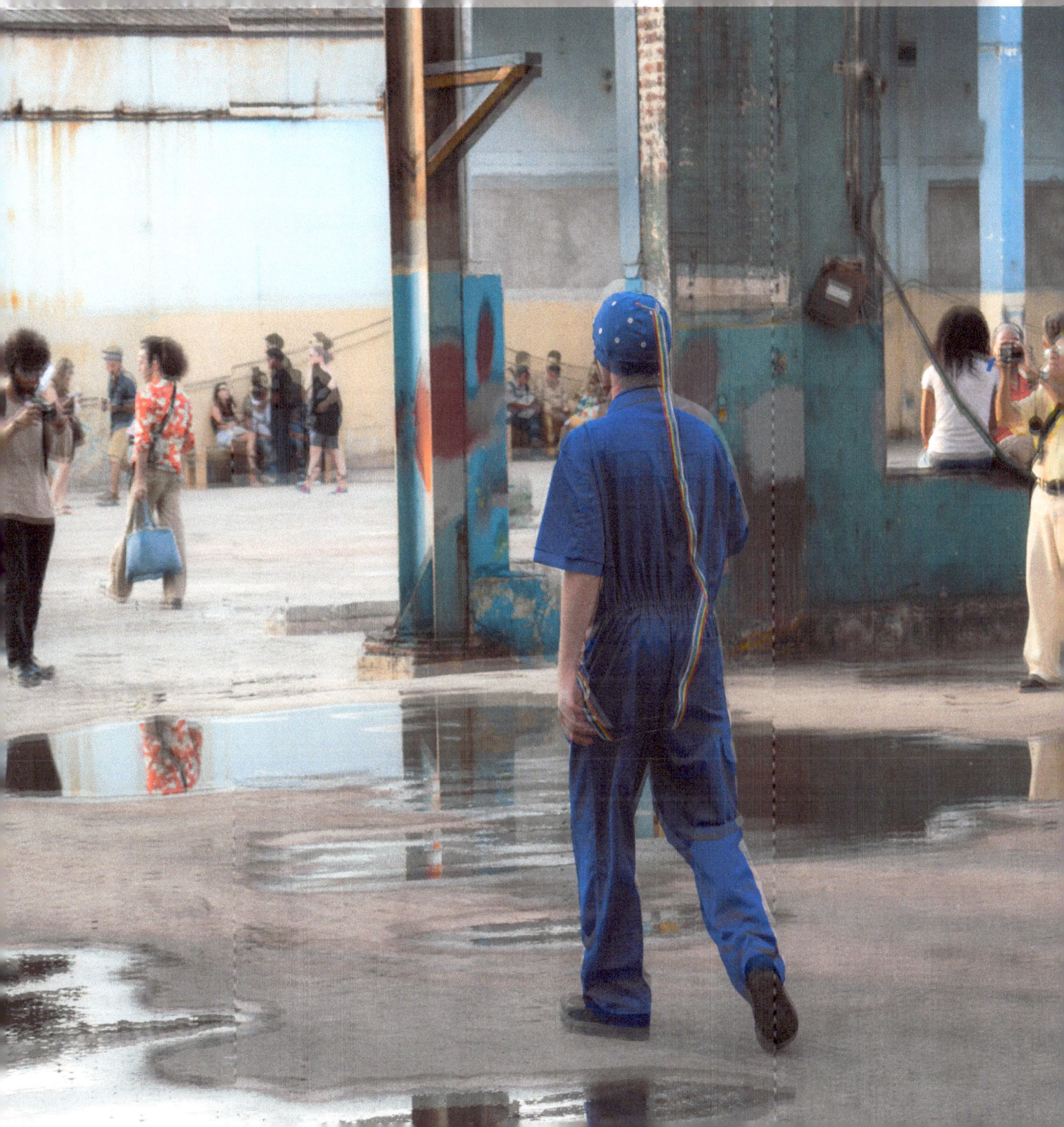

SMS SENT
ENVIADOS

ACTIVIDAD CEREBRAL DEL ARTISTA — **MIND ACTIVITY OF THE ARTIST**

Column 1	Column 2	Column 3
Actv.Cerebral_H.R.F//-*49_49.//49...	Actv.Cerebral_H.R.F//-*41_41.//41...	Actv.Cerebral_H.R.F//-*62_62.//62...
Actv.Cerebral_H.R.F//-*48_48.//48...	Actv.Cerebral_H.R.F//-*40_40.//40...	Actv.Cerebral_H.R.F//-*49_49.//49...
Actv.Cerebral_H.R.F//-*49_49.//49...	Actv.Cerebral_H.R.F//-*48_48.//48...	Actv.Cerebral_H.R.F//-*49_49.//49...
Actv.Cerebral_H.R.F//-*55_55.//55...	Actv.Cerebral_H.R.F//-*0_0.//0...	Actv.Cerebral_H.R.F//-*49_49.//49...
Actv.Cerebral_H.R.F//-*53_53.//53...	Actv.Cerebral_H.R.F//-*0_0.//0...	Actv.Cerebral_H.R.F//-*51_51.//51...
Actv.Cerebral_H.R.F//-*50_50.//50...	Actv.Cerebral_H.R.F//-*0_0.//0...	Actv.Cerebral_H.R.F//-*49_49.//49...
Actv.Cerebral_H.R.F//-*50_50.//50...	Actv.Cerebral_H.R.F//-*61_61.//61...	Actv.Cerebral_H.R.F//-*51_51.//51...
Actv.Cerebral_H.R.F//-*50_50.//50...	Actv.Cerebral_H.R.F//-*57_57.//57...	Actv.Cerebral_H.R.F//-*71_71.//71...
Actv.Cerebral_H.R.F//-*50_50.//50...	Actv.Cerebral_H.R.F//-*52_52.//52...	Actv.Cerebral_H.R.F//-*68_68.//68...
Actv.Cerebral_H.R.F//-*48_48.//48...	Actv.Cerebral_H.R.F//-*67_67.//67...	Actv.Cerebral_H.R.F//-*48_48.//48...
Actv.Cerebral_H.R.F//-*48_48.//48...	Actv.Cerebral_H.R.F//-*66_66.//66...	Actv.Cerebral_H.R.F//-*49_49.//49...
Actv.Cerebral_H.R.F//-*50_50.//50...	Actv.Cerebral_H.R.F//-*66_66.//66...	Actv.Cerebral_H.R.F//-*55_55.//55...
Actv.Cerebral_H.R.F//-*45_45.//45...	Actv.Cerebral_H.R.F//-*49_49.//49...	Actv.Cerebral_H.R.F//-*53_53.//53...
Actv.Cerebral_H.R.F//-*49_49.//49...	Actv.Cerebral_H.R.F//-*48_48.//48...	Actv.Cerebral_H.R.F//-*50_50.//50...
Actv.Cerebral_H.R.F//-*49_49.//49...	Actv.Cerebral_H.R.F//-*41_41.//41...	Actv.Cerebral_H.R.F//-*50_50.//50...
Actv.Cerebral_H.R.F//-*49_49.//49...	Actv.Cerebral_H.R.F//-*52_52.//52...	Actv.Cerebral_H.R.F//-*66_66.//66...
Actv.Cerebral_H.R.F//-*50_50.//50...	Actv.Cerebral_H.R.F//-*49_49.//49...	Actv.Cerebral_H.R.F//-*62_62.//62...
Actv.Cerebral_H.R.F//-*49_49.//49...	Actv.Cerebral_H.R.F//-*50_50.//50...	Actv.Cerebral_H.R.F//-*61_61.//61...
Actv.Cerebral_H.R.F//-*49_49.//49...	Actv.Cerebral_H.R.F//-*53_53.//53...	Actv.Cerebral_H.R.F//-*57_57.//57...
Actv.Cerebral_H.R.F//-*49_49.//49...	Actv.Cerebral_H.R.F//-*50_50.//50...	Actv.Cerebral_H.R.F//-*52_52.//52...
Actv.Cerebral_H.R.F//-*51_51.//51...	Actv.Cerebral_H.R.F//-*66_66.//66...	Actv.Cerebral_H.R.F//-*49_49.//49...
Actv.Cerebral_H.R.F//-*71_71.//71...	Actv.Cerebral_H.R.F//-*66_66.//66...	Actv.Cerebral_H.R.F//-*50_50.//50...
Actv.Cerebral_H.R.F//-*68_68.//68...	Actv.Cerebral_H.R.F//-*62_62.//62...	Actv.Cerebral_H.R.F//-*50_50.//50...
Actv.Cerebral_H.R.F//-*67_67.//67...	Actv.Cerebral_H.R.F//-*61_61.//61...	Actv.Cerebral_H.R.F//-*53_53.//53...
Actv.Cerebral_H.R.F//-*67_67.//67...	Actv.Cerebral_H.R.F//-*57_57.//57...	Actv.Cerebral_H.R.F//-*50_50.//50...
Actv.Cerebral_H.R.F//-*66_66.//66...	Actv.Cerebral_H.R.F//-*52_52.//52...	Actv.Cerebral_H.R.F//-*50_50.//50...
Actv.Cerebral_H.R.F//-*66_66.//66...	Actv.Cerebral_H.R.F//-*49_49.//49...	Actv.Cerebral_H.R.F//-*66_66.//66...
Actv.Cerebral_H.R.F//-*62_62.//62...	Actv.Cerebral_H.R.F//-*50_50.//50...	Actv.Cerebral_H.R.F//-*62_62.//62...
Actv.Cerebral_H.R.F//-*61_61.//61...	Actv.Cerebral_H.R.F//-*47_47.//47...	Actv.Cerebral_H.R.F//-*49_49.//49...
Actv.Cerebral_H.R.F//-*57_57.//57...	Actv.Cerebral_H.R.F//-*57_57.//57...	Actv.Cerebral_H.R.F//-*48_48.//48...
Actv.Cerebral_H.R.F//-*52_52.//52...	Actv.Cerebral_H.R.F//-*52_52.//52...	Actv.Cerebral_H.R.F//-*49_49.//49...
Actv.Cerebral_H.R.F//-*49_49.//49...	Actv.Cerebral_H.R.F//-*49_49.//49...	Actv.Cerebral_H.R.F//-*55_55.//55...
Actv.Cerebral_H.R.F//-*50_50.//50...	Actv.Cerebral_H.R.F//-*51_51.//51...	Actv.Cerebral_H.R.F//-*53_53.//53...
Actv.Cerebral_H.R.F//-*47_47.//47...	Actv.Cerebral_H.R.F//-*71_71.//71...	Actv.Cerebral_H.R.F//-*50_50.//50...
Actv.Cerebral_H.R.F//-*47_47.//47...	Actv.Cerebral_H.R.F//-*68_68.//68...	Actv.Cerebral_H.R.F//-*50_50.//50...
Actv.Cerebral_H.R.F//-*48_48.//48...	Actv.Cerebral_H.R.F//-*67_67.//67...	Actv.Cerebral_H.R.F//-*50_50.//50...
Actv.Cerebral_H.R.F//-*47_47.//47...	Actv.Cerebral_H.R.F//-*67_67.//67...	Actv.Cerebral_H.R.F//-*50_50.//50...
Actv.Cerebral_H.R.F//-*49_49.//49...	Actv.Cerebral_H.R.F//-*66_66.//66...	Actv.Cerebral_H.R.F//-*48_48.//48...
Actv.Cerebral_H.R.F//-*48_48.//48...	Actv.Cerebral_H.R.F//-*66_66.//66...	Actv.Cerebral_H.R.F//-*48_48.//48...

```
Actv.Cerebral_H.R.F//-*50_50.//50...      Actv.Cerebral_H.R.F//-*41_41.//41...      Actv.Cerebral_H.R.F//-*50_50.//50...
Actv.Cerebral_H.R.F//-*45_45.//45...      Actv.Cerebral_H.R.F//-*52_52.//52...      Actv.Cerebral_H.R.F//-*66_66.//66...
Actv.Cerebral_H.R.F//-*49_49.//49...      Actv.Cerebral_H.R.F//-*49_49.//49...      Actv.Cerebral_H.R.F//-*62_62.//62...
Actv.Cerebral_H.R.F//-*49_49.//49...      Actv.Cerebral_H.R.F//-*50_50.//50...      Actv.Cerebral_H.R.F//-*61_61.//61...
Actv.Cerebral_H.R.F//-*49_49.//49...      Actv.Cerebral_H.R.F//-*53_53.//53...      Actv.Cerebral_H.R.F//-*57_57.//57...
Actv.Cerebral_H.R.F//-*50_50.//50...      Actv.Cerebral_H.R.F//-*50_50.//50...      Actv.Cerebral_H.R.F//-*52_52.//52...
Actv.Cerebral_H.R.F//-*49_49.//49...      Actv.Cerebral_H.R.F//-*66_66.//66...      Actv.Cerebral_H.R.F//-*49_49.//49...
Actv.Cerebral_H.R.F//-*49_49.//49...      Actv.Cerebral_H.R.F//-*66_66.//66...      Actv.Cerebral_H.R.F//-*57_57.//57...
Actv.Cerebral_H.R.F//-*49_49.//49...      Actv.Cerebral_H.R.F//-*62_62.//62...      Actv.Cerebral_H.R.F//-*52_52.//52...
Actv.Cerebral_H.R.F//-*51_51.//51...      Actv.Cerebral_H.R.F//-*61_61.//61...      Actv.Cerebral_H.R.F//-*49_49.//49...
Actv.Cerebral_H.R.F//-*71_71.//71...      Actv.Cerebral_H.R.F//-*57_57.//57...      Actv.Cerebral_H.R.F//-*50_50.//50...
Actv.Cerebral_H.R.F//-*68_68.//68...      Actv.Cerebral_H.R.F//-*52_52.//52...      Actv.Cerebral_H.R.F//-*53_53.//53...
Actv.Cerebral_H.R.F//-*67_67.//67...      Actv.Cerebral_H.R.F//-*49_49.//49...      Actv.Cerebral_H.R.F//-*50_50.//50...
Actv.Cerebral_H.R.F//-*67_67.//67...      Actv.Cerebral_H.R.F//-*50_50.//50...      Actv.Cerebral_H.R.F//-*50_50.//50...
Actv.Cerebral_H.R.F//-*66_66.//66...      Actv.Cerebral_H.R.F//-*47_47.//47...      Actv.Cerebral_H.R.F//-*66_66.//66...
Actv.Cerebral_H.R.F//-*66_66.//66...      Actv.Cerebral_H.R.F//-*57_57.//57...      Actv.Cerebral_H.R.F//-*62_62.//62...
Actv.Cerebral_H.R.F//-*62_62.//62...      Actv.Cerebral_H.R.F//-*52_52.//52...      Actv.Cerebral_H.R.F//-*50_50.//50...
Actv.Cerebral_H.R.F//-*61_61.//61...      Actv.Cerebral_H.R.F//-*52_52.//52...      Actv.Cerebral_H.R.F//-*49_49.//49...
Actv.Cerebral_H.R.F//-*57_57.//57...      Actv.Cerebral_H.R.F//-*49_49.//49...      Actv.Cerebral_H.R.F//-*49_49.//49...
Actv.Cerebral_H.R.F//-*52_52.//52...      Actv.Cerebral_H.R.F//-*49_49.//49...      Actv.Cerebral_H.R.F//-*49_49.//49...
Actv.Cerebral_H.R.F//-*49_49.//49...      Actv.Cerebral_H.R.F//-*51_51.//51...      Actv.Cerebral_H.R.F//-*51_51.//51...
Actv.Cerebral_H.R.F//-*50_50.//50...      Actv.Cerebral_H.R.F//-*71_71.//71...      Actv.Cerebral_H.R.F//-*71_71.//71...
Actv.Cerebral_H.R.F//-*47_47.//47...      Actv.Cerebral_H.R.F//-*68_68.//68...      Actv.Cerebral_H.R.F//-*68_68.//68...
Actv.Cerebral_H.R.F//-*47_47.//47...      Actv.Cerebral_H.R.F//-*67_67.//67...      Actv.Cerebral_H.R.F//-*67_67.//67...
Actv.Cerebral_H.R.F//-*48_48.//48...      Actv.Cerebral_H.R.F//-*67_67.//67...      Actv.Cerebral_H.R.F//-*67_67.//67...
Actv.Cerebral_H.R.F//-*47_47.//47...      Actv.Cerebral_H.R.F//-*66_66.//66...      Actv.Cerebral_H.R.F//-*66_66.//66...
Actv.Cerebral_H.R.F//-*49_49.//49...      Actv.Cerebral_H.R.F//-*66_66.//66...      Actv.Cerebral_H.R.F//-*66_66.//66...
Actv.Cerebral_H.R.F//-*48_48.//48...      Actv.Cerebral_H.R.F//-*62_62.//62...      Actv.Cerebral_H.R.F//-*62_62.//62...
Actv.Cerebral_H.R.F//-*41_41.//41...      Actv.Cerebral_H.R.F//-*49_49.//49...      Actv.Cerebral_H.R.F//-*61_61.//61...
Actv.Cerebral_H.R.F//-*40_40.//40...      Actv.Cerebral_H.R.F//-*49_49.//49...      Actv.Cerebral_H.R.F//-*57_57.//57...
Actv.Cerebral_H.R.F//-*48_48.//48...      Actv.Cerebral_H.R.F//-*51_51.//51...      Actv.Cerebral_H.R.F//-*52_52.//52...
Actv.Cerebral_H.R.F//-*61_61.//61...      Actv.Cerebral_H.R.F//-*49_49.//49...      Actv.Cerebral_H.R.F//-*49_49.//49...
Actv.Cerebral_H.R.F//-*57_57.//57...      Actv.Cerebral_H.R.F//-*51_51.//51...      Actv.Cerebral_H.R.F//-*49_49.//49...
Actv.Cerebral_H.R.F//-*57_57.//57...      Actv.Cerebral_H.R.F//-*71_71.//71...      Actv.Cerebral_H.R.F//-*51_51.//51...
Actv.Cerebral_H.R.F//-*52_52.//52...      Actv.Cerebral_H.R.F//-*68_68.//68...      Actv.Cerebral_H.R.F//-*71_71.//71...
Actv.Cerebral_H.R.F//-*67_67.//67...      Actv.Cerebral_H.R.F//-*48_48.//48...      Actv.Cerebral_H.R.F//-*68_68.//68...
Actv.Cerebral_H.R.F//-*66_66.//66...      Actv.Cerebral_H.R.F//-*49_49.//49...      Actv.Cerebral_H.R.F//-*48_48.//48...
Actv.Cerebral_H.R.F//-*49_49.//49...      Actv.Cerebral_H.R.F//-*53_53.//53...      Actv.Cerebral_H.R.F//-*49_49.//49...
Actv.Cerebral_H.R.F//-*48_48.//48...      Actv.Cerebral_H.R.F//-*50_50.//50...      Actv.Cerebral_H.R.F//-*55_55.//55...
```

Actv.Cerebral_H.R.F//-*52_52.//52...	Actv.Cerebral_H.R.F//-*53_53.//53...	Actv.Cerebral_H.R.F//-*49_49.//49...
Actv.Cerebral_H.R.F//-*49_49.//49...	Actv.Cerebral_H.R.F//-*50_50.//50...	Actv.Cerebral_H.R.F//-*50_50.//50...
Actv.Cerebral_H.R.F//-*50_50.//50...	Actv.Cerebral_H.R.F//-*50_50.//50...	Actv.Cerebral_H.R.F//-*47_47.//47...
Actv.Cerebral_H.R.F//-*47_47.//47...	Actv.Cerebral_H.R.F//-*66_66.//66...	Actv.Cerebral_H.R.F//-*47_47.//47...
Actv.Cerebral_H.R.F//-*57_57.//57...	Actv.Cerebral_H.R.F//-*62_62.//62...	Actv.Cerebral_H.R.F//-*48_48.//48...
Actv.Cerebral_H.R.F//-*52_52.//52...	Actv.Cerebral_H.R.F//-*49_49.//49...	Actv.Cerebral_H.R.F//-*47_47.//47...
Actv.Cerebral_H.R.F//-*49_49.//49...	Actv.Cerebral_H.R.F//-*48_48.//48...	Actv.Cerebral_H.R.F//-*49_49.//49...
Actv.Cerebral_H.R.F//-*57_57.//57...	Actv.Cerebral_H.R.F//-*49_49.//49...	Actv.Cerebral_H.R.F//-*48_48.//48...
Actv.Cerebral_H.R.F//-*52_52.//52...	Actv.Cerebral_H.R.F//-*55_55.//55...	Actv.Cerebral_H.R.F//-*41_41.//41...
Actv.Cerebral_H.R.F//-*49_49.//49...	Actv.Cerebral_H.R.F//-*53_53.//53...	Actv.Cerebral_H.R.F//-*40_40.//40...
Actv.Cerebral_H.R.F//-*51_51.//51...	Actv.Cerebral_H.R.F//-*50_50.//50...	Actv.Cerebral_H.R.F//-*48_48.//48...
Actv.Cerebral_H.R.F//-*71_71.//71...	Actv.Cerebral_H.R.F//-*50_50.//50...	Actv.Cerebral_H.R.F//-*61_61.//61...
Actv.Cerebral_H.R.F//-*68_68.//68...	Actv.Cerebral_H.R.F//-*50_50.//50...	Actv.Cerebral_H.R.F//-*57_57.//57...
Actv.Cerebral_H.R.F//-*67_67.//67...	Actv.Cerebral_H.R.F//-*50_50.//50...	Actv.Cerebral_H.R.F//-*52_52.//52...
Actv.Cerebral_H.R.F//-*67_67.//67...	Actv.Cerebral_H.R.F//-*48_48.//48...	Actv.Cerebral_H.R.F//-*67_67.//67...
Actv.Cerebral_H.R.F//-*66_66.//66...	Actv.Cerebral_H.R.F//-*48_48.//48...	Actv.Cerebral_H.R.F//-*66_66.//66...
Actv.Cerebral_H.R.F//-*66_66.//66...	Actv.Cerebral_H.R.F//-*50_50.//50...	Actv.Cerebral_H.R.F//-*49_49.//49...
Actv.Cerebral_H.R.F//-*62_62.//62...	Actv.Cerebral_H.R.F//-*45_45.//45...	Actv.Cerebral_H.R.F//-*48_48.//48...
Actv.Cerebral_H.R.F//-*49_49.//49...	Actv.Cerebral_H.R.F//-*49_49.//49...	Actv.Cerebral_H.R.F//-*41_41.//41...
Actv.Cerebral_H.R.F//-*49_49.//49...	Actv.Cerebral_H.R.F//-*49_49.//49...	Actv.Cerebral_H.R.F//-*52_52.//52...
Actv.Cerebral_H.R.F//-*49_49.//49...	Actv.Cerebral_H.R.F//-*45_45.//45...	Actv.Cerebral_H.R.F//-*49_49.//49...
Actv.Cerebral_H.R.F//-*51_51.//51...	Actv.Cerebral_H.R.F//-*49_49.//49...	Actv.Cerebral_H.R.F//-*50_50.//50...
Actv.Cerebral_H.R.F//-*49_49.//49...	Actv.Cerebral_H.R.F//-*49_49.//49...	Actv.Cerebral_H.R.F//-*53_53.//53...
Actv.Cerebral_H.R.F//-*51_51.//51...	Actv.Cerebral_H.R.F//-*49_49.//49...	Actv.Cerebral_H.R.F//-*50_50.//50...
Actv.Cerebral_H.R.F//-*71_71.//71...	Actv.Cerebral_H.R.F//-*50_50.//50...	Actv.Cerebral_H.R.F//-*66_66.//66...
Actv.Cerebral_H.R.F//-*68_68.//68...	Actv.Cerebral_H.R.F//-*49_49.//49...	Actv.Cerebral_H.R.F//-*66_66.//66...
Actv.Cerebral_H.R.F//-*48_48.//48...	Actv.Cerebral_H.R.F//-*49_49.//49...	Actv.Cerebral_H.R.F//-*62_62.//62...
Actv.Cerebral_H.R.F//-*49_49.//49...	Actv.Cerebral_H.R.F//-*49_49.//49...	Actv.Cerebral_H.R.F//-*61_61.//61...
Actv.Cerebral_H.R.F//-*55_55.//55...	Actv.Cerebral_H.R.F//-*51_51.//51...	Actv.Cerebral_H.R.F//-*57_57.//57...
Actv.Cerebral_H.R.F//-*53_53.//53...	Actv.Cerebral_H.R.F//-*71_71.//71...	Actv.Cerebral_H.R.F//-*52_52.//52...
Actv.Cerebral_H.R.F//-*50_50.//50...	Actv.Cerebral_H.R.F//-*68_68.//68...	Actv.Cerebral_H.R.F//-*49_49.//49...
Actv.Cerebral_H.R.F//-*50_50.//50...	Actv.Cerebral_H.R.F//-*67_67.//67...	Actv.Cerebral_H.R.F//-*50_50.//50...
Actv.Cerebral_H.R.F//-*66_66.//66...	Actv.Cerebral_H.R.F//-*67_67.//67...	Actv.Cerebral_H.R.F//-*47_47.//47...
Actv.Cerebral_H.R.F//-*62_62.//62...	Actv.Cerebral_H.R.F//-*66_66.//66...	Actv.Cerebral_H.R.F//-*49_49.//49...
Actv.Cerebral_H.R.F//-*61_61.//61...	Actv.Cerebral_H.R.F//-*66_66.//66...	Actv.Cerebral_H.R.F//-*50_50.//50...
Actv.Cerebral_H.R.F//-*57_57.//57...	Actv.Cerebral_H.R.F//-*62_62.//62...	Actv.Cerebral_H.R.F//-*47_47.//47...
Actv.Cerebral_H.R.F//-*52_52.//52...	Actv.Cerebral_H.R.F//-*61_61.//61...	Actv.Cerebral_H.R.F//-*57_57.//57...
Actv.Cerebral_H.R.F//-*49_49.//49...	Actv.Cerebral_H.R.F//-*57_57.//57...	Actv.Cerebral_H.R.F//-*52_52.//52...
Actv.Cerebral_H.R.F//-*50_50.//50...	Actv.Cerebral_H.R.F//-*52_52.//52...	Actv.Cerebral_H.R.F//-*49_49.//49...

Actv.Cerebral_H.R.F//-*51_51.//51...	Actv.Cerebral_H.R.F//-*71_71.//71...	Actv.Cerebral_H.R.F//-*48_48.//48...
Actv.Cerebral_H.R.F//-*71_71.//71...	Actv.Cerebral_H.R.F//-*68_68.//68...	Actv.Cerebral_H.R.F//-*48_48.//48...
Actv.Cerebral_H.R.F//-*68_68.//68...	Actv.Cerebral_H.R.F//-*67_67.//67...	Actv.Cerebral_H.R.F//-*50_50.//50...
Actv.Cerebral_H.R.F//-*67_67.//67...	Actv.Cerebral_H.R.F//-*67_67.//67...	Actv.Cerebral_H.R.F//-*45_45.//45...
Actv.Cerebral_H.R.F//-*67_67.//67...	Actv.Cerebral_H.R.F//-*66_66.//66...	Actv.Cerebral_H.R.F//-*49_49.//49...
Actv.Cerebral_H.R.F//-*66_66.//66...	Actv.Cerebral_H.R.F//-*66_66.//66...	Actv.Cerebral_H.R.F//-*49_49.//49...
Actv.Cerebral_H.R.F//-*66_66.//66...	Actv.Cerebral_H.R.F//-*62_62.//62...	Actv.Cerebral_H.R.F//-*49_49.//49...
Actv.Cerebral_H.R.F//-*62_62.//62...	Actv.Cerebral_H.R.F//-*66_66.//66...	Actv.Cerebral_H.R.F//-*50_50.//50...
Actv.Cerebral_H.R.F//-*49_49.//49...	Actv.Cerebral_H.R.F//-*66_66.//66...	Actv.Cerebral_H.R.F//-*49_49.//49...
Actv.Cerebral_H.R.F//-*49_49.//49...	Actv.Cerebral_H.R.F//-*62_62.//62...	Actv.Cerebral_H.R.F//-*49_49.//49...
Actv.Cerebral_H.R.F//-*49_49.//49...	Actv.Cerebral_H.R.F//-*61_61.//61...	Actv.Cerebral_H.R.F//-*49_49.//49...
Actv.Cerebral_H.R.F//-*51_51.//51...	Actv.Cerebral_H.R.F//-*57_57.//57...	Actv.Cerebral_H.R.F//-*51_51.//51...
Actv.Cerebral_H.R.F//-*49_49.//49...	Actv.Cerebral_H.R.F//-*52_52.//52...	Actv.Cerebral_H.R.F//-*71_71.//71...
Actv.Cerebral_H.R.F//-*51_51.//51...	Actv.Cerebral_H.R.F//-*49_49.//49...	Actv.Cerebral_H.R.F//-*68_68.//68...
Actv.Cerebral_H.R.F//-*71_71.//71...	Actv.Cerebral_H.R.F//-*49_49.//49...	Actv.Cerebral_H.R.F//-*67_67.//67...
Actv.Cerebral_H.R.F//-*68_68.//68...	Actv.Cerebral_H.R.F//-*51_51.//51...	Actv.Cerebral_H.R.F//-*67_67.//67...
Actv.Cerebral_H.R.F//-*48_48.//48...	Actv.Cerebral_H.R.F//-*71_71.//71...	Actv.Cerebral_H.R.F//-*66_66.//66...
Actv.Cerebral_H.R.F//-*49_49.//49...	Actv.Cerebral_H.R.F//-*68_68.//68...	Actv.Cerebral_H.R.F//-*66_66.//66...
Actv.Cerebral_H.R.F//-*55_55.//55...	Actv.Cerebral_H.R.F//-*48_48.//48...	Actv.Cerebral_H.R.F//-*62_62.//62...
Actv.Cerebral_H.R.F//-*53_53.//53...	Actv.Cerebral_H.R.F//-*49_49.//49...	Actv.Cerebral_H.R.F//-*61_61.//61...
Actv.Cerebral_H.R.F//-*50_50.//50...	Actv.Cerebral_H.R.F//-*55_55.//55...	Actv.Cerebral_H.R.F//-*66_66.//66...
Actv.Cerebral_H.R.F//-*50_50.//50...	Actv.Cerebral_H.R.F//-*68_68.//68...	Actv.Cerebral_H.R.F//-*62_62.//62...
Actv.Cerebral_H.R.F//-*66_66.//66...	Actv.Cerebral_H.R.F//-*67_67.//67...	Actv.Cerebral_H.R.F//-*61_61.//61...
Actv.Cerebral_H.R.F//-*62_62.//62...	Actv.Cerebral_H.R.F//-*67_67.//67...	Actv.Cerebral_H.R.F//-*57_57.//57...
Actv.Cerebral_H.R.F//-*61_61.//61...	Actv.Cerebral_H.R.F//-*66_66.//66...	Actv.Cerebral_H.R.F//-*52_52.//52...
Actv.Cerebral_H.R.F//-*57_57.//57...	Actv.Cerebral_H.R.F//-*66_66.//66...	Actv.Cerebral_H.R.F//-*49_49.//49...
Actv.Cerebral_H.R.F//-*52_52.//52...	Actv.Cerebral_H.R.F//-*62_62.//62...	Actv.Cerebral_H.R.F//-*50_50.//50...
Actv.Cerebral_H.R.F//-*49_49.//49...	Actv.Cerebral_H.R.F//-*61_61.//61...	Actv.Cerebral_H.R.F//-*47_47.//47...
Actv.Cerebral_H.R.F//-*50_50.//50...	Actv.Cerebral_H.R.F//-*57_57.//57...	Actv.Cerebral_H.R.F//-*47_47.//47...
Actv.Cerebral_H.R.F//-*53_53.//53...	Actv.Cerebral_H.R.F//-*52_52.//52...	Actv.Cerebral_H.R.F//-*48_48.//48...
Actv.Cerebral_H.R.F//-*50_50.//50...	Actv.Cerebral_H.R.F//-*49_49.//49...	Actv.Cerebral_H.R.F//-*47_47.//47...
Actv.Cerebral_H.R.F//-*50_50.//50...	Actv.Cerebral_H.R.F//-*48_48.//48...	Actv.Cerebral_H.R.F//-*49_49.//49...
Actv.Cerebral_H.R.F//-*66_66.//66...	Actv.Cerebral_H.R.F//-*49_49.//49...	Actv.Cerebral_H.R.F//-*48_48.//48...
Actv.Cerebral_H.R.F//-*62_62.//62...	Actv.Cerebral_H.R.F//-*55_55.//55...	Actv.Cerebral_H.R.F//-*41_41.//41...
Actv.Cerebral_H.R.F//-*50_50.//50...	Actv.Cerebral_H.R.F//-*53_53.//53...	Actv.Cerebral_H.R.F//-*40_40.//40...
Actv.Cerebral_H.R.F//-*49_49.//49...	Actv.Cerebral_H.R.F//-*50_50.//50...	Actv.Cerebral_H.R.F//-*48_48.//48...
Actv.Cerebral_H.R.F//-*49_49.//49...	Actv.Cerebral_H.R.F//-*50_50.//50...	Actv.Cerebral_H.R.F//-*49_49.//49...
Actv.Cerebral_H.R.F//-*49_49.//49...	Actv.Cerebral_H.R.F//-*50_50.//50...	Actv.Cerebral_H.R.F//-*51_51.//51...
Actv.Cerebral_H.R.F//-*51_51.//51...	Actv.Cerebral_H.R.F//-*50_50.//50...	Actv.Cerebral_H.R.F//-*71_71.//71...

```
Actv.Cerebral_H.R.F//-*68_68.//68...
Actv.Cerebral_H.R.F//-*48_48.//48...
Actv.Cerebral_H.R.F//-*49_49.//49...
Actv.Cerebral_H.R.F//-*55_55.//55...
Actv.Cerebral_H.R.F//-*68_68.//68...
Actv.Cerebral_H.R.F//-*67_67.//67...
Actv.Cerebral_H.R.F//-*67_67.//67...
Actv.Cerebral_H.R.F//-*66_66.//66...
Actv.Cerebral_H.R.F//-*66_66.//66...
Actv.Cerebral_H.R.F//-*62_62.//62...
Actv.Cerebral_H.R.F//-*61_61.//61...
Actv.Cerebral_H.R.F//-*57_57.//57...
Actv.Cerebral_H.R.F//-*52_52.//52...
Actv.Cerebral_H.R.F//-*49_49.//49...
Actv.Cerebral_H.R.F//-*48_48.//48...
Actv.Cerebral_H.R.F//-*49_49.//49...
Actv.Cerebral_H.R.F//-*55_55.//55...
Actv.Cerebral_H.R.F//-*53_53.//53...
Actv.Cerebral_H.R.F//-*50_50.//50...
Actv.Cerebral_H.R.F//-*50_50.//50...
Actv.Cerebral_H.R.F//-*50_50.//50...
Actv.Cerebral_H.R.F//-*50_50.//50...
Actv.Cerebral_H.R.F//-*48_48.//48...
Actv.Cerebral_H.R.F//-*48_48.//48...
Actv.Cerebral_H.R.F//-*50_50.//50...
Actv.Cerebral_H.R.F//-*45_45.//45...
Actv.Cerebral_H.R.F//-*49_49.//49...
Actv.Cerebral_H.R.F//-*49_49.//49...
Actv.Cerebral_H.R.F//-*49_49.//49...
Actv.Cerebral_H.R.F//-*50_50.//50...
Actv.Cerebral_H.R.F//-*49_49.//49...
Actv.Cerebral_H.R.F//-*49_49.//49...
Actv.Cerebral_H.R.F//-*49_49.//49...
Actv.Cerebral_H.R.F//-*49_49.//49...
Actv.Cerebral_H.R.F//-*49_49.//49...
Actv.Cerebral_H.R.F//-*51_51.//51...
Actv.Cerebral_H.R.F//-*71_71.//71...
Actv.Cerebral_H.R.F//-*68_68.//68...
Actv.Cerebral_H.R.F//-*67_67.//67...
```

```
Actv.Cerebral_H.R.F//-*67_67.//67...
Actv.Cerebral_H.R.F//-*66_66.//66...
Actv.Cerebral_H.R.F//-*66_66.//66...
Actv.Cerebral_H.R.F//-*62_62.//62...
Actv.Cerebral_H.R.F//-*61_61.//61...
Actv.Cerebral_H.R.F//-*57_57.//57...
Actv.Cerebral_H.R.F//-*52_52.//52...
Actv.Cerebral_H.R.F//-*49_49.//49...
Actv.Cerebral_H.R.F//-*50_50.//50...
Actv.Cerebral_H.R.F//-*47_47.//47...
Actv.Cerebral_H.R.F//-*47_47.//47...
Actv.Cerebral_H.R.F//-*48_48.//48...
Actv.Cerebral_H.R.F//-*47_47.//47...
Actv.Cerebral_H.R.F//-*49_49.//49...
Actv.Cerebral_H.R.F//-*48_48.//48...
Actv.Cerebral_H.R.F//-*41_41.//41...
Actv.Cerebral_H.R.F//-*40_40.//40...
Actv.Cerebral_H.R.F//-*48_48.//48...
Actv.Cerebral_H.R.F//-*49_49.//49...
Actv.Cerebral_H.R.F//-*48_48.//48...
Actv.Cerebral_H.R.F//-*49_49.//49...
Actv.Cerebral_H.R.F//-*55_55.//55...
Actv.Cerebral_H.R.F//-*53_53.//53...
Actv.Cerebral_H.R.F//-*53_53.//53...
Actv.Cerebral_H.R.F//-*50_50.//50...
Actv.Cerebral_H.R.F//-*50_50.//50...
Actv.Cerebral_H.R.F//-*50_50.//50...
Actv.Cerebral_H.R.F//-*48_48.//48...
Actv.Cerebral_H.R.F//-*48_48.//48...
Actv.Cerebral_H.R.F//-*50_50.//50...
Actv.Cerebral_H.R.F//-*45_45.//45...
Actv.Cerebral_H.R.F//-*49_49.//49...
Actv.Cerebral_H.R.F//-*49_49.//49...
Actv.Cerebral_H.R.F//-*49_49.//49...
Actv.Cerebral_H.R.F//-*50_50.//50...
Actv.Cerebral_H.R.F//-*49_49.//49...
Actv.Cerebral_H.R.F//-*49_49.//49...
Actv.Cerebral_H.R.F//-*49_49.//49...
Actv.Cerebral_H.R.F//-*51_51.//51...
```

```
Actv.Cerebral_H.R.F//-*71_71.//71...
Actv.Cerebral_H.R.F//-*68_68.//68...
Actv.Cerebral_H.R.F//-*67_67.//67...
Actv.Cerebral_H.R.F//-*67_67.//67...
Actv.Cerebral_H.R.F//-*66_66.//66...
Actv.Cerebral_H.R.F//-*66_66.//66...
Actv.Cerebral_H.R.F//-*67_67.//67...
Actv.Cerebral_H.R.F//-*66_66.//66...
Actv.Cerebral_H.R.F//-*66_66.//66...
Actv.Cerebral_H.R.F//-*62_62.//62...
Actv.Cerebral_H.R.F//-*61_61.//61...
Actv.Cerebral_H.R.F//-*57_57.//57...
Actv.Cerebral_H.R.F//-*52_52.//52...
Actv.Cerebral_H.R.F//-*49_49.//49...
Actv.Cerebral_H.R.F//-*50_50.//50...
Actv.Cerebral_H.R.F//-*47_47.//47...
Actv.Cerebral_H.R.F//-*47_47.//47...
Actv.Cerebral_H.R.F//-*48_48.//48...
Actv.Cerebral_H.R.F//-*47_47.//47...
Actv.Cerebral_H.R.F//-*49_49.//49...
Actv.Cerebral_H.R.F//-*48_48.//48...
Actv.Cerebral_H.R.F//-*41_41.//41...
Actv.Cerebral_H.R.F//-*40_40.//40...
Actv.Cerebral_H.R.F//-*48_48.//48...
Actv.Cerebral_H.R.F//-*61_61.//61...
Actv.Cerebral_H.R.F//-*57_57.//57...
Actv.Cerebral_H.R.F//-*52_52.//52...
Actv.Cerebral_H.R.F//-*67_67.//67...
Actv.Cerebral_H.R.F//-*66_66.//66...
Actv.Cerebral_H.R.F//-*49_49.//49...
Actv.Cerebral_H.R.F//-*48_48.//48...
Actv.Cerebral_H.R.F//-*41_41.//41...
Actv.Cerebral_H.R.F//-*52_52.//52...
Actv.Cerebral_H.R.F//-*49_49.//49...
Actv.Cerebral_H.R.F//-*50_50.//50...
Actv.Cerebral_H.R.F//-*53_53.//53...
Actv.Cerebral_H.R.F//-*53_53.//53...
Actv.Cerebral_H.R.F//-*50_50.//50...
Actv.Cerebral_H.R.F//-*50_50.//50...
```

Actv.Cerebral_H.R.F//-*49_49.//49...	Actv.Cerebral_H.R.F//-*50_50.//50...	Actv.Cerebral_H.R.F//-*68_68.//68...
Actv.Cerebral_H.R.F//-*50_50.//50...	Actv.Cerebral_H.R.F//-*50_50.//50...	Actv.Cerebral_H.R.F//-*67_67.//67...
Actv.Cerebral_H.R.F//-*53_53.//53...	Actv.Cerebral_H.R.F//-*66_66.//66...	Actv.Cerebral_H.R.F//-*67_67.//67...
Actv.Cerebral_H.R.F//-*50_50.//50...	Actv.Cerebral_H.R.F//-*62_62.//62...	Actv.Cerebral_H.R.F//-*66_66.//66...
Actv.Cerebral_H.R.F//-*66_66.//66...	Actv.Cerebral_H.R.F//-*61_61.//61...	Actv.Cerebral_H.R.F//-*66_66.//66...
Actv.Cerebral_H.R.F//-*66_66.//66...	Actv.Cerebral_H.R.F//-*57_57.//57...	Actv.Cerebral_H.R.F//-*62_62.//62...
Actv.Cerebral_H.R.F//-*50_50.//50...	Actv.Cerebral_H.R.F//-*52_52.//52...	Actv.Cerebral_H.R.F//-*61_61.//61...
Actv.Cerebral_H.R.F//-*66_66.//66...	Actv.Cerebral_H.R.F//-*49_49.//49...	Actv.Cerebral_H.R.F//-*57_57.//57...
Actv.Cerebral_H.R.F//-*66_66.//66...	Actv.Cerebral_H.R.F//-*50_50.//50...	Actv.Cerebral_H.R.F//-*52_52.//52...
Actv.Cerebral_H.R.F//-*62_62.//62...	Actv.Cerebral_H.R.F//-*53_53.//53...	Actv.Cerebral_H.R.F//-*49_49.//49...
Actv.Cerebral_H.R.F//-*61_61.//61...	Actv.Cerebral_H.R.F//-*50_50.//50...	Actv.Cerebral_H.R.F//-*50_50.//50...
Actv.Cerebral_H.R.F//-*57_57.//57...	Actv.Cerebral_H.R.F//-*50_50.//50...	Actv.Cerebral_H.R.F//-*47_47.//47...
Actv.Cerebral_H.R.F//-*52_52.//52...	Actv.Cerebral_H.R.F//-*66_66.//66...	Actv.Cerebral_H.R.F//-*47_47.//47...
Actv.Cerebral_H.R.F//-*49_49.//49...	Actv.Cerebral_H.R.F//-*62_62.//62...	Actv.Cerebral_H.R.F//-*48_48.//48...
Actv.Cerebral_H.R.F//-*50_50.//50...	Actv.Cerebral_H.R.F//-*49_49.//49...	Actv.Cerebral_H.R.F//-*47_47.//47...
Actv.Cerebral_H.R.F//-*47_47.//47...	Actv.Cerebral_H.R.F//-*48_48.//48...	Actv.Cerebral_H.R.F//-*49_49.//49...
Actv.Cerebral_H.R.F//-*57_57.//57...	Actv.Cerebral_H.R.F//-*49_49.//49...	Actv.Cerebral_H.R.F//-*48_48.//48...
Actv.Cerebral_H.R.F//-*52_52.//52...	Actv.Cerebral_H.R.F//-*55_55.//55...	Actv.Cerebral_H.R.F//-*41_41.//41...
Actv.Cerebral_H.R.F//-*49_49.//49...	Actv.Cerebral_H.R.F//-*53_53.//53...	Actv.Cerebral_H.R.F//-*40_40.//40...
Actv.Cerebral_H.R.F//-*51_51.//51...	Actv.Cerebral_H.R.F//-*49_49.//49...	Actv.Cerebral_H.R.F//-*48_48.//48...
Actv.Cerebral_H.R.F//-*71_71.//71...	Actv.Cerebral_H.R.F//-*55_55.//55...	Actv.Cerebral_H.R.F//-*61_61.//61...
Actv.Cerebral_H.R.F//-*68_68.//68...	Actv.Cerebral_H.R.F//-*53_53.//53...	Actv.Cerebral_H.R.F//-*57_57.//57...
Actv.Cerebral_H.R.F//-*67_67.//67...	Actv.Cerebral_H.R.F//-*50_50.//50...	Actv.Cerebral_H.R.F//-*52_52.//52...
Actv.Cerebral_H.R.F//-*67_67.//67...	Actv.Cerebral_H.R.F//-*50_50.//50...	Actv.Cerebral_H.R.F//-*67_67.//67...
Actv.Cerebral_H.R.F//-*66_66.//66...	Actv.Cerebral_H.R.F//-*50_50.//50...	Actv.Cerebral_H.R.F//-*66_66.//66...
Actv.Cerebral_H.R.F//-*66_66.//66...	Actv.Cerebral_H.R.F//-*50_50.//50...	Actv.Cerebral_H.R.F//-*49_49.//49...
Actv.Cerebral_H.R.F//-*62_62.//62...	Actv.Cerebral_H.R.F//-*48_48.//48...	Actv.Cerebral_H.R.F//-*48_48.//48...
Actv.Cerebral_H.R.F//-*49_49.//49...	Actv.Cerebral_H.R.F//-*48_48.//48...	Actv.Cerebral_H.R.F//-*41_41.//41...
Actv.Cerebral_H.R.F//-*49_49.//49...	Actv.Cerebral_H.R.F//-*50_50.//50...	Actv.Cerebral_H.R.F//-*52_52.//52...
Actv.Cerebral_H.R.F//-*49_49.//49...	Actv.Cerebral_H.R.F//-*45_45.//45...	Actv.Cerebral_H.R.F//-*49_49.//49...
Actv.Cerebral_H.R.F//-*51_51.//51...	Actv.Cerebral_H.R.F//-*49_49.//49...	Actv.Cerebral_H.R.F//-*50_50.//50...
Actv.Cerebral_H.R.F//-*49_49.//49...	Actv.Cerebral_H.R.F//-*49_49.//49...	Actv.Cerebral_H.R.F//-*49_49.//49...
Actv.Cerebral_H.R.F//-*51_51.//51...	Actv.Cerebral_H.R.F//-*49_49.//49...	Actv.Cerebral_H.R.F//-*50_50.//50...
Actv.Cerebral_H.R.F//-*71_71.//71...	Actv.Cerebral_H.R.F//-*50_50.//50...	Actv.Cerebral_H.R.F//-*53_53.//53...
Actv.Cerebral_H.R.F//-*68_68.//68...	Actv.Cerebral_H.R.F//-*49_49.//49...	Actv.Cerebral_H.R.F//-*50_50.//50...
Actv.Cerebral_H.R.F//-*48_48.//48...	Actv.Cerebral_H.R.F//-*49_49.//49...	Actv.Cerebral_H.R.F//-*66_66.//66...
Actv.Cerebral_H.R.F//-*49_49.//49...	Actv.Cerebral_H.R.F//-*49_49.//49...	Actv.Cerebral_H.R.F//-*66_66.//66...
Actv.Cerebral_H.R.F//-*55_55.//55...	Actv.Cerebral_H.R.F//-*51_51.//51...	Actv.Cerebral_H.R.F//-*62_62.//62...
Actv.Cerebral_H.R.F//-*53_53.//53...	Actv.Cerebral_H.R.F//-*71_71.//71...	Actv.Cerebral_H.R.F//-*61_61.//61...

Actv.Cerebral_H.R.F//-*57_57.//57...	Actv.Cerebral_H.R.F//-*50_50.//50...	Actv.Cerebral_H.R.F//-*48_48.//48...
Actv.Cerebral_H.R.F//-*52_52.//52...	Actv.Cerebral_H.R.F//-*66_66.//66...	Actv.Cerebral_H.R.F//-*49_49.//49...
Actv.Cerebral_H.R.F//-*49_49.//49...	Actv.Cerebral_H.R.F//-*62_62.//62...	Actv.Cerebral_H.R.F//-*55_55.//55...
Actv.Cerebral_H.R.F//-*50_50.//50...	Actv.Cerebral_H.R.F//-*50_50.//50...	Actv.Cerebral_H.R.F//-*53_53.//53...
Actv.Cerebral_H.R.F//-*47_47.//47...	Actv.Cerebral_H.R.F//-*49_49.//49...	Actv.Cerebral_H.R.F//-*50_50.//50...
Actv.Cerebral_H.R.F//-*57_57.//57...	Actv.Cerebral_H.R.F//-*62_62.//62...	Actv.Cerebral_H.R.F//-*50_50.//50...
Actv.Cerebral_H.R.F//-*52_52.//52...	Actv.Cerebral_H.R.F//-*50_50.//50...	Actv.Cerebral_H.R.F//-*50_50.//50...
Actv.Cerebral_H.R.F//-*49_49.//49...	Actv.Cerebral_H.R.F//-*49_49.//49...	Actv.Cerebral_H.R.F//-*50_50.//50...
Actv.Cerebral_H.R.F//-*51_51.//51...	Actv.Cerebral_H.R.F//-*49_49.//49...	Actv.Cerebral_H.R.F//-*48_48.//48...
Actv.Cerebral_H.R.F//-*71_71.//71...	Actv.Cerebral_H.R.F//-*49_49.//49...	Actv.Cerebral_H.R.F//-*48_48.//48...
Actv.Cerebral_H.R.F//-*68_68.//68...	Actv.Cerebral_H.R.F//-*51_51.//51...	Actv.Cerebral_H.R.F//-*50_50.//50...
Actv.Cerebral_H.R.F//-*67_67.//67...	Actv.Cerebral_H.R.F//-*71_71.//71...	Actv.Cerebral_H.R.F//-*45_45.//45...
Actv.Cerebral_H.R.F//-*67_67.//67...	Actv.Cerebral_H.R.F//-*68_68.//68...	Actv.Cerebral_H.R.F//-*49_49.//49...
Actv.Cerebral_H.R.F//-*66_66.//66...	Actv.Cerebral_H.R.F//-*67_67.//67...	Actv.Cerebral_H.R.F//-*49_49.//49...
Actv.Cerebral_H.R.F//-*66_66.//66...	Actv.Cerebral_H.R.F//-*67_67.//67...	Actv.Cerebral_H.R.F//-*49_49.//49...
Actv.Cerebral_H.R.F//-*62_62.//62...	Actv.Cerebral_H.R.F//-*66_66.//66...	Actv.Cerebral_H.R.F//-*50_50.//50...
Actv.Cerebral_H.R.F//-*49_49.//49...	Actv.Cerebral_H.R.F//-*66_66.//66...	Actv.Cerebral_H.R.F//-*49_49.//49...
Actv.Cerebral_H.R.F//-*49_49.//49...	Actv.Cerebral_H.R.F//-*62_62.//62...	Actv.Cerebral_H.R.F//-*49_49.//49...
Actv.Cerebral_H.R.F//-*49_49.//49...	Actv.Cerebral_H.R.F//-*61_61.//61...	Actv.Cerebral_H.R.F//-*50_50.//50...
Actv.Cerebral_H.R.F//-*51_51.//51...	Actv.Cerebral_H.R.F//-*57_57.//57...	Actv.Cerebral_H.R.F//-*49_49.//49...
Actv.Cerebral_H.R.F//-*49_49.//49...	Actv.Cerebral_H.R.F//-*52_52.//52...	Actv.Cerebral_H.R.F//-*49_49.//49...
Actv.Cerebral_H.R.F//-*51_51.//51...	Actv.Cerebral_H.R.F//-*49_49.//49...	Actv.Cerebral_H.R.F//-*49_49.//49...
Actv.Cerebral_H.R.F//-*71_71.//71...	Actv.Cerebral_H.R.F//-*49_49.//49...	Actv.Cerebral_H.R.F//-*51_51.//51...
Actv.Cerebral_H.R.F//-*68_68.//68...	Actv.Cerebral_H.R.F//-*51_51.//51...	Actv.Cerebral_H.R.F//-*71_71.//71...
Actv.Cerebral_H.R.F//-*48_48.//48...	Actv.Cerebral_H.R.F//-*71_71.//71...	Actv.Cerebral_H.R.F//-*68_68.//68...
Actv.Cerebral_H.R.F//-*49_49.//49...	Actv.Cerebral_H.R.F//-*68_68.//68...	Actv.Cerebral_H.R.F//-*67_67.//67...
Actv.Cerebral_H.R.F//-*55_55.//55...	Actv.Cerebral_H.R.F//-*48_48.//48...	Actv.Cerebral_H.R.F//-*67_67.//67...
Actv.Cerebral_H.R.F//-*53_53.//53...	Actv.Cerebral_H.R.F//-*49_49.//49...	Actv.Cerebral_H.R.F//-*66_66.//66...
Actv.Cerebral_H.R.F//-*50_50.//50...	Actv.Cerebral_H.R.F//-*55_55.//55...	Actv.Cerebral_H.R.F//-*66_66.//66...
Actv.Cerebral_H.R.F//-*50_50.//50...	Actv.Cerebral_H.R.F//-*68_68.//68...	Actv.Cerebral_H.R.F//-*62_62.//62...
Actv.Cerebral_H.R.F//-*66_66.//66...	Actv.Cerebral_H.R.F//-*67_67.//67...	Actv.Cerebral_H.R.F//-*61_61.//61...
Actv.Cerebral_H.R.F//-*62_62.//62...	Actv.Cerebral_H.R.F//-*67_67.//67...	Actv.Cerebral_H.R.F//-*57_57.//57...
Actv.Cerebral_H.R.F//-*61_61.//61...	Actv.Cerebral_H.R.F//-*66_66.//66...	Actv.Cerebral_H.R.F//-*52_52.//52...
Actv.Cerebral_H.R.F//-*57_57.//57...	Actv.Cerebral_H.R.F//-*66_66.//66...	Actv.Cerebral_H.R.F//-*49_49.//49...
Actv.Cerebral_H.R.F//-*52_52.//52...	Actv.Cerebral_H.R.F//-*62_62.//62...	Actv.Cerebral_H.R.F//-*50_50.//50...
Actv.Cerebral_H.R.F//-*49_49.//49...	Actv.Cerebral_H.R.F//-*61_61.//61...	Actv.Cerebral_H.R.F//-*47_47.//47...
Actv.Cerebral_H.R.F//-*50_50.//50...	Actv.Cerebral_H.R.F//-*57_57.//57...	Actv.Cerebral_H.R.F//-*47_47.//47...
Actv.Cerebral_H.R.F//-*53_53.//53...	Actv.Cerebral_H.R.F//-*52_52.//52...	Actv.Cerebral_H.R.F//-*48_48.//48...
Actv.Cerebral_H.R.F//-*50_50.//50...	Actv.Cerebral_H.R.F//-*49_49.//49...	Actv.Cerebral_H.R.F//-*47_47.//47...

```
Actv.Cerebral_H.R.F//-*49_49_//49...
Actv.Cerebral_H.R.F//-*48_48_//48...
Actv.Cerebral_H.R.F//-*41_41_//41...
Actv.Cerebral_H.R.F//-*40_40_//40...
Actv.Cerebral_H.R.F//-*48_48_//48...
Actv.Cerebral_H.R.F//-*49_49_//49...
Actv.Cerebral_H.R.F//-*48_48_//48...
Actv.Cerebral_H.R.F//-*49_49_//49...
Actv.Cerebral_H.R.F//-*55_55_//55...
Actv.Cerebral_H.R.F//-*53_53_//53...
Actv.Cerebral_H.R.F//-*50_50_//50...
Actv.Cerebral_H.R.F//-*50_50_//50...
Actv.Cerebral_H.R.F//-*50_50_//50...
Actv.Cerebral_H.R.F//-*50_50_//50...
Actv.Cerebral_H.R.F//-*48_48_//48...
Actv.Cerebral_H.R.F//-*48_48_//48...
Actv.Cerebral_H.R.F//-*50_50_//50...
Actv.Cerebral_H.R.F//-*45_45_//45...
Actv.Cerebral_H.R.F//-*49_49_//49...
Actv.Cerebral_H.R.F//-*49_49_//49...
Actv.Cerebral_H.R.F//-*49_49_//49...
Actv.Cerebral_H.R.F//-*50_50_//50...
Actv.Cerebral_H.R.F//-*49_49_//49...
Actv.Cerebral_H.R.F//-*49_49_//49...
Actv.Cerebral_H.R.F//-*49_49_//49...
Actv.Cerebral_H.R.F//-*51_51_//51...
Actv.Cerebral_H.R.F//-*71_71_//71...
Actv.Cerebral_H.R.F//-*68_68_//68...
Actv.Cerebral_H.R.F//-*67_67_//67...
Actv.Cerebral_H.R.F//-*67_67_//67...
Actv.Cerebral_H.R.F//-*66_66_//66...
Actv.Cerebral_H.R.F//-*67_67_//67...
Actv.Cerebral_H.R.F//-*67_67_//67...
Actv.Cerebral_H.R.F//-*66_66_//66...
Actv.Cerebral_H.R.F//-*66_66_//66...
Actv.Cerebral_H.R.F//-*62_62_//62...
Actv.Cerebral_H.R.F//-*61_61_//61...
Actv.Cerebral_H.R.F//-*57_57_//57...
Actv.Cerebral_H.R.F//-*52_52_//52...

Actv.Cerebral_H.R.F//-*49_49_//49...
Actv.Cerebral_H.R.F//-*50_50_//50...
Actv.Cerebral_H.R.F//-*47_47_//47...
Actv.Cerebral_H.R.F//-*47_47_//47...
Actv.Cerebral_H.R.F//-*48_48_//48...
Actv.Cerebral_H.R.F//-*47_47_//47...
Actv.Cerebral_H.R.F//-*49_49_//49...
Actv.Cerebral_H.R.F//-*48_48_//48...
Actv.Cerebral_H.R.F//-*41_41_//41...
Actv.Cerebral_H.R.F//-*40_40_//40...
Actv.Cerebral_H.R.F//-*48_48_//48...
Actv.Cerebral_H.R.F//-*61_61_//61...
Actv.Cerebral_H.R.F//-*57_57_//57...
Actv.Cerebral_H.R.F//-*52_52_//52...
Actv.Cerebral_H.R.F//-*52_52_//52...
Actv.Cerebral_H.R.F//-*67_67_//67...
Actv.Cerebral_H.R.F//-*66_66_//66...
Actv.Cerebral_H.R.F//-*49_49_//49...
Actv.Cerebral_H.R.F//-*48_48_//48...
Actv.Cerebral_H.R.F//-*41_41_//41...
Actv.Cerebral_H.R.F//-*52_52_//52...
Actv.Cerebral_H.R.F//-*49_49_//49...
Actv.Cerebral_H.R.F//-*50_50_//50...
Actv.Cerebral_H.R.F//-*53_53_//53...
Actv.Cerebral_H.R.F//-*50_50_//50...
Actv.Cerebral_H.R.F//-*66_66_//66...
Actv.Cerebral_H.R.F//-*66_66_//66...
Actv.Cerebral_H.R.F//-*66_66_//66...
Actv.Cerebral_H.R.F//-*62_62_//62...
Actv.Cerebral_H.R.F//-*61_61_//61...
Actv.Cerebral_H.R.F//-*57_57_//57...
Actv.Cerebral_H.R.F//-*52_52_//52...
Actv.Cerebral_H.R.F//-*49_49_//49...
Actv.Cerebral_H.R.F//-*50_50_//50...
Actv.Cerebral_H.R.F//-*47_47_//47...
Actv.Cerebral_H.R.F//-*57_57_//57...
Actv.Cerebral_H.R.F//-*52_52_//52...
Actv.Cerebral_H.R.F//-*52_52_//52...
Actv.Cerebral_H.R.F//-*49_49_//49...
Actv.Cerebral_H.R.F//-*51_51_//51...
Actv.Cerebral_H.R.F//-*51_51_//51...
Actv.Cerebral_H.R.F//-*71_71_//71...
Actv.Cerebral_H.R.F//-*68_68_//68...

Actv.Cerebral_H.R.F//-*67_67_//67...
Actv.Cerebral_H.R.F//-*67_67_//67...
Actv.Cerebral_H.R.F//-*66_66_//66...
Actv.Cerebral_H.R.F//-*66_66_//66...
Actv.Cerebral_H.R.F//-*62_62_//62...
Actv.Cerebral_H.R.F//-*66_66_//66...
Actv.Cerebral_H.R.F//-*66_66_//66...
Actv.Cerebral_H.R.F//-*62_62_//62...
Actv.Cerebral_H.R.F//-*49_49_//49...
Actv.Cerebral_H.R.F//-*49_49_//49...
Actv.Cerebral_H.R.F//-*49_49_//49...
Actv.Cerebral_H.R.F//-*51_51_//51...
Actv.Cerebral_H.R.F//-*49_49_//49...
Actv.Cerebral_H.R.F//-*51_51_//51...
Actv.Cerebral_H.R.F//-*71_71_//71...
Actv.Cerebral_H.R.F//-*68_68_//68...
Actv.Cerebral_H.R.F//-*48_48_//48...
Actv.Cerebral_H.R.F//-*49_49_//49...
Actv.Cerebral_H.R.F//-*55_55_//55...
Actv.Cerebral_H.R.F//-*53_53_//53...
Actv.Cerebral_H.R.F//-*50_50_//50...
Actv.Cerebral_H.R.F//-*52_52_//52...
Actv.Cerebral_H.R.F//-*49_49_//49...
Actv.Cerebral_H.R.F//-*51_51_//51...
Actv.Cerebral_H.R.F//-*71_71_//71...
Actv.Cerebral_H.R.F//-*68_68_//68...
Actv.Cerebral_H.R.F//-*50_50_//50...
Actv.Cerebral_H.R.F//-*47_47_//47...
Actv.Cerebral_H.R.F//-*57_57_//57...
Actv.Cerebral_H.R.F//-*52_52_//52...
Actv.Cerebral_H.R.F//-*49_49_//49...
Actv.Cerebral_H.R.F//-*51_51_//51...
Actv.Cerebral_H.R.F//-*71_71_//71...
Actv.Cerebral_H.R.F//-*68_68_//68...
Actv.Cerebral_H.R.F//-*67_67_//67...
Actv.Cerebral_H.R.F//-*67_67_//67...
Actv.Cerebral_H.R.F//-*66_66_//66...
Actv.Cerebral_H.R.F//-*66_66_//66...
```

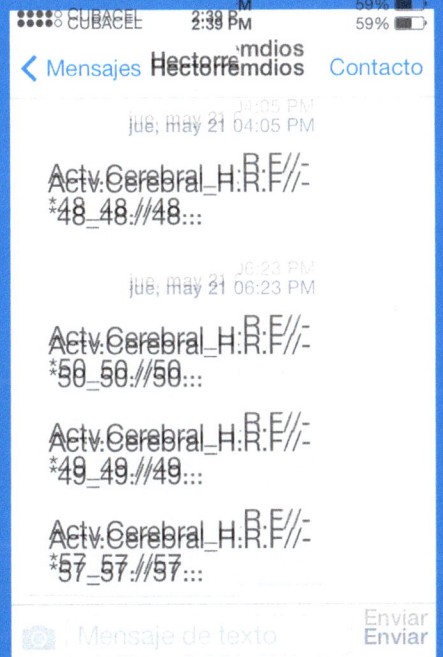 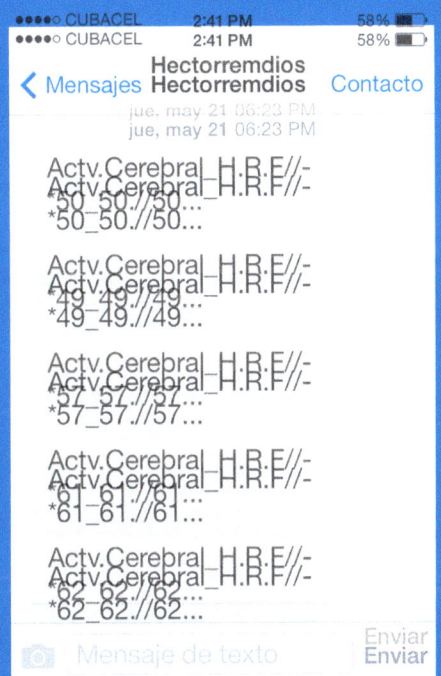 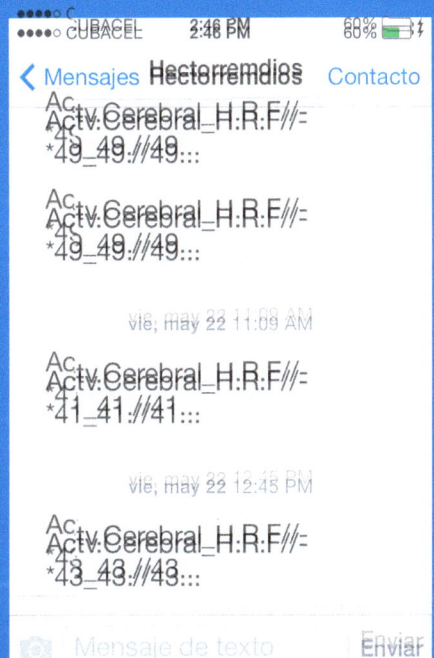

Captura de pantalla del teléfono móvil de la crítico y curadora Elvia Rosa Castro. Fotos: Cortesía de Elvia Rosa Castro.

Print screen of Elvia Rosa Castros´s cell phone. Photo: By cortesy of Elvia Rosa Castro.

TRANSMISIÓN DE PENSAMIENTO –LITERALMENTE Y SIN TRÁMITE: una obra perfecta.

Elvia Rosa Castro

Héctor Remedios fue el artista más libre que pude ver durante los primeros cinco días de la 12ma Bienal de La Habana[1]. Se preparó para ello durante más de un año (o tal vez toda su vida) y lo logró. Con su obra Telepatía no sólo dinamitó el totalitarismo implícito en una convocatoria y la selección que de ella se genera, sino que traspasó su escenario de operaciones sin que lo percibiéramos: de artista él pasó a crítico, y su bondad fue tal que sus "impresiones" las compartía con veintitrés agentes[2] del mundo del arte. Porque esos SMS encriptados que algunos recibimos son la traducción del placer o el disgusto con que él consumió obras de arte por todo el evento. Su gesto, por tanto, fue una acción parasitaria, como la mía, como todas, que dependía de la existencia de otras –en este caso obras- para existir.

Ese chivo electrónico que Héctor nos pasaba free era literatura, bibliografía a consultar cuando quisiéramos escribir, tertuliar o blasfemar sobre el artistaje en la Bienal. O simplemente analizarlo a él. Nunca había visto tanta desnudez: exhibir el pensamiento de la manera más bruta y simbólica[3] que pueda existir. No importa si entendíamos o no ese cúmulo de información; lo interesante es la naturaleza de la propia acción y su efecto descentralizador e inquietante. Lo que importa es, en definitiva, cómo se desentiende de la representación al uso y funda una metafísica que se realiza o cumple en la tecnología, echando por tierra las aspiraciones utópicas de la imagen artística tradicional[4]. Telepatía es, anoten esto, la fundación de una ontotecnología asentada en la diferencia, en lo transversal, en la desidentidad, en lo móvil y en el carácter efímero que llena de energía cada evento. Es una ontotecnología blanda y sensual.

---

1 Tal vez, Luis Manuel Alcántara con Miss Bienal también lo fue pero en otro sentido.

2 Uso el término sobre todo para provocar la suspicacia que sé provocará.

3 Lo simbólico aquí es usado como lo hace Alexis Jardines: alejado de las "argollas terminológicas", de la representación.

4 Idea esbozada por José Luis Brea: "(…) en él podría definitivamente germinar eso que legítimamente podríamos llamar una nueva 'forma artística'. O también (…) la efectiva y plena epifanía del genuino sentido de lo técnico –en nuestro tiempo, este tiempo de la pecaminosidad consumada, este tiempo del rebasamiento de la metafísica, o de su realización de su cumplimiento en lo tecnológico". En: La era posmedia. Acción comunicativa, prácticas (post)artísticas y dispositivos neomediales. Centro de Arte Salamanca, 2002. p. 175.

THOUGHT TRANSMISSION–LITERALLY AND WITHOUT PROCEDURE: a perfect work

By Elvia Rosa Castro

Héctor Remedios was the freest artist I saw during the first five days of the 12th Havana Biennial.[1] He had prepared himself for this for over a year (or perhaps for his whole life) and in the end he was able to achieve it. With Telepatía (Telepathy), not only did he shatter the implicit totalitarianism of calls for artworks and the selections they generate, he also transcended their operational scenario without us perceiving it: transforming from artist to critic, such was his kindness that he shared his "impressions" with no less than twenty-three agents[2] of the art world. The encrypted text messages that many of us received were translations of the pleasure or displeasure with which he consumed works of art throughout the entire event. His gesture, therefore, was a parasitic action. Like mine and like everyone else's, it depended on the existence of other actions—in this case artworks—to exist.

The electronic blow that Héctor dealt us all for free was literature, a bibliography to be consulted when we wanted to write, debate, or blaspheme about the celebrity pretensions of the Biennial. Or simply to analyze him. I had never seen such nakedness: he exhibited his thoughts in the most raw and symbolic[3] way possible. It does not matter whether we understood the cluster of information; what is interesting is the nature of the action itself, its decentralizing and disquieting effect. What matters most, concretely, is how representation is ignored in favor of use, founding a metaphysics that is realized or achieved through technology and tearing down the utopian aspirations of the traditional artistic image.[4] Telepatía is—take note—the foundation of an ontotechnology grounded in difference, transversality, dis-identity, the mobile, and in the ephemeral nature that fills each event with energy. It is a soft and sensual ontotechnology.

---

1   Perhaps Luis Manual Alcántara's MissBienal was as well, but in other ways.

2   I employ this term principally to provoke the suspicion that will inevitably be provoked.

3   Here "symbolic" is used as Alexis Jardines does: removed from the "terminological shackles" of representation.

4   An idea outlined by José Luis Brea: "(...) in him there could definitely germinate that which we could legitimately call a new "artistic form". Or also (...) the full and effective epiphany of the genuine sense of the technical—in our time, this time of consummate sinfulness, this time of the surpassing of metaphysics or of the realization of its fulfillment in technology." From La era posmedia. Acción comunicativa, prácticas (post)artísticas y dispositivas neomediales. Centro de Arte de Salamanca, 2002. 175.

Arte de acción que piensa la acción de pensar el arte

Marilyn Payrol

Mensajes de textos vía SMS parecieron importunar, durante los primeros cinco días de inaugurada la Duodécima Bienal de La Habana, a los críticos, curadores y especialistas principales del país, entre ellos algunos asociados a la organización del mencionado evento. Así, fueron pocos los que comprendieron a cabalidad que el texto predeterminado Actv.Cerebral_H.R.F//-* más un patrón numérico variable[1], que con una frecuencia regular[2] hostigaba sus teléfonos móviles, era producto de una obra artística.

Y digo pocos, porque este público meta, único designado para apreciar la obra en su totalidad, era de por sí reducido. Como si el reto no bastara, si este segmento seleccionado no lograba conectar el origen de dichos mensajes con la actividad cerebral emitida por el artista Héctor Remedios, paseante vestido con overol y casco de electroencefalograma (EEG), nunca entenderían de qué iba la propuesta. Y por supuesto, francamente en desventaja, existía esa otra gran parte de público "pasivo" que solo disfrutaba lo aparencial de la acción, no así su contenido, o al menos no en su integridad.

Entonces, ciertamente, fue Telepatía una pieza difícil de recepcionar. Incidieron, en este sentido, múltiples factores, más allá de la fragmentación en la presentación del hecho artístico, aunque esta no obstante condujo a cuestionarse qué era la obra en sí: el gesto, los mensajes, el sistema tecnológico diseñado... En fin, la detención en la propia complejidad morfológica de la propuesta es oportuna, pues —aun sin sospecharle— se asistió a un proceso creativo en esencia transdisciplinar, cuya concepción llevó más de un año de trabajo y en el que resaltaba el entremezclamiento del componente artístico con campos de la electrónica, la física, la biología, la informática, la médico-ciencia, etc. Y a pesar de que esta edición de la Bienal de La Habana se pronunciase a favor de lógicas basadas en la transversalidad y transdisciplinariedad (hecho que no implicó, sin embargo, la aceptación de Telepatía en el programa oficial), no cabe duda de que de tales "intercambios" apreciamos poco.

Al parecer, no estamos habituados en nuestro contexto a este tipo de obra de naturaleza transgresora

---

1 Estos patrones variaban en dependencia de las captaciones que hacían los sensores (electrodes) en tiempo real de la actividad cerebral del artista.

2 Partiendo de un listado de contactos preestablecidos, los mensajes eran enviados cada un minuto aproximadamente a cada uno de los especialistas registrados hasta que se reanudaba el ciclo.

donde la actividad bioeléctrica del cerebro del artista se convierte en la materia para la construcción del discurso. Pues se hizo notoria la sorpresa del espectador frente al sistema diseñado para la captura de las ondas Alpha (ondas bioeléctricas que oscilan entre 7.5 y 13 Hz) del cerebro que, mediante un circuito amplificador de señal conectado a un Arduino y este a su vez a un Shields (GPRS), se encargaba de hacer el envío del registro encefálico a los agentes legitimadores del arte. Quizás la respuesta la hallemos en la demarcación que proponía Telepatía de la construcción modernista del texto artístico, rozando con propuestas inéditas –me atrevería a decir- en el escenario local como por ejemplo el bioart dada la utilización de la bioelectricidad.

Pero además de reveladora y novedosa en términos somáticos, esta solución abrió desde el orden conceptual una diversidad de caminos, de posibilidades reflexivas. He ahí otro de los principios determinantes en la riqueza del proceso de recepción que nos ofreció Telepatía. El gesto del artista de limitar el registro a la captación de sus ondas Alpha, ondas que propician el denominado estado Alpha asociado a momentos de gran creatividad, nos enfrenta a un énfasis intencionado en el cuestionamiento de este concepto y cómo ha sido inevitablemente vinculado con la praxis artística, cuando bien sabemos que, en realidad, no siempre sucede así.

Al mismo tiempo, la acción propuso una analogía entre el funcionamiento del cerebro (donde el movimiento neuronal implicaba además del procesamiento, manejo y distribución de la información, la recepción de multiplicidad de respuestas) y la relación que el crítico de arte establece con la obra, la cual "... se yergue como un cerebro emisor de códigos que posteriormente recibe un cúmulo de respuestas a dicha emisión, ya sea a través de textos críticos u otras vías"[3]. De manera que aquí entra en juego otra arista importante para la comprensión de este performance relacionada con el proceso receptivo, específicamente con el rol del crítico. Al igual que este, el artista partía del gesto de pensar y reflexionar sobre arte, en tanto enviaba sus impulsos bioeléctricos producidos por el efecto causado ante la contemplación de fenómenos u hechos artísticos. Quedaba suprimida la mediación que supone la existencia del objeto arte en función de conectar directamente al crítico con su material de trabajo "en bruto", tal como si se produjese una acción telepática, es decir, esa transferencia de contenidos psíquicos entre individuos desarrollada a través de la mente.

La ganancia del conceptualismo cuando declarara la idea como válida por sí sola sin necesidad de

---

3 Notas del artista.

materializarse es retomada una vez el pensamiento resultante en Telepatía es elevado a la categoría de obra de arte. Sin embargo, en este caso es imposible eludir el carácter cínico de semejante anulación, en tanto la misma trasciende la epidermis del texto artístico e, incluso, la totalitaria complejidad de su existencia para implicar al ejercicio de la crítica que, aunque derivativo, es en esencia autónomo. Con ello se plantea una crítica dualista que insiste por un lado en la revisión o cuestionamiento de la obra de arte per se, de sus modos u operatorias tradicionales y sobre todo del arte cubano, de los contextos y falsos escenarios en que actualmente se inserta, y por otro, de los falsos presupuestos, quizás no tan falsos como demodé, esgrimidos para su conceptualización –piénsese en los postulados de la Bienal-, de los agentes legitimadores y claro está, del papel del sujeto receptor en estos procesos.

En consecuencia, Telepatía se ofreció como metacrítica y puso de relieve que el debate sobre el arte y su condición ontológica permanece abierto y que aún se pueden arrojar muchas luces sobre el tema, pues como apuntaba Adorno "….ha llegado a ser evidente que nada referente al arte es evidente: ni en él mismo, ni en su relación con la totalidad, ni siquiera en su derecho a la existencia"[4].

---

[4] Adorno, T.W. Teoría Estética, Madrid, Taurus, 1980, p.9.

Art of Action that Thinks about the Action of Thinking about Art

Marilyn Payrol

A series of texts sent via SMS during the first five days of the opening of the Twelfth Havana Biennial seemed to irritate some of Cuba's principal critics, curators, and art experts, several of whom were affiliated with the organization responsible for the aforementioned event. Indeed, very few fully understood that the predetermined text Actv.Cerebral_H.R.F//-* plus a variable numerical pattern[1], which with annoyingly regular frequency[2] was sent to their mobile phones, was in reality the product of a work of art. I say few because this meta-public, uniquely designated to assess a work in its entirety, was in and of itself a reduced group. And as if this were not challenge enough, if this carefully selected segment of the population was unable to connect the origin of these messages to the brain activity emitted by the artist Héctor Remedios, a passerby dressed in coveralls and an electroencephalogram (EEG) helmet, they would certainly never understand what the work proposed to accomplish. Furthermore, and frankly at an even greater disadvantage, there also existed another portion of the more "passive" public that derived entertainment only from the action's appearance rather than from its content, or at least not from the content in all its full integrity.

Certainly, then, Telepatía (Telepathy) posed a number of difficulties where reception was concerned. In this sense, a numbers factors were involved, factors that went above and beyond the mere fragmentation of the artistic act and its presentation, though this nevertheless led to the question of what exactly constituted the work itself: the action, the text messages, the design of the technological component… At any rate, placing the focus on the morphological complexity of the artwork is timely, since—without even realizing it—we were in the presence of a creative process that was in its very essence transdisciplinary, one that took over a year of work to realize and in which the artistic component was intermixed with the fields of electronics, physics, biology, computer science, medical science, etc. Yet despite the fact that this iteration of the Havana Biennial proclaimed itself in favor of a logic based on transversality and transdisciplinarity (a fact which did not, however, mean that Telepatía was accepted into the official

---

1 These patterns varied depending on the artist's brain activity (actividad cerebral), which was captured by sensors (electrodes) in real time.
2 Using a pre-established contact list as a starting point, text messages were sent approximately once a minute to each of the experts listed until the cycle resumed.

program), there is no doubt that that we do not properly appreciate these interdisciplinary "exchanges".

By all appearances, in our present context we are unaccustomed to this sort of transgressive work, in which the bioelectric activity of the artist's brain becomes the material for a discursive construction; little did spectators expect to be faced with a system designed to capture the brain's Alpha waves (bioelectric waves that oscillate between 7.5 and 13 Hz.), which, by way of a signal amplifier circuit connected to an Arduino that was in turn connected to a GPRS Shield, was responsible for sending brain recordings to the legitimating agents of the art world. Perhaps the answer lies in the demarcation proposed by Telepatía between the modernist construction of artistic text and other practices that are—I would go so far as to say—unprecedented in the local scene, such as, for example, bio-art (given Remedios's use of bioelectricity).

In addition to its revealing and novel nature in somatic terms, from its very conceptual order the artist's solution opened a multiplicity of paths, of reflexive possibilities; therein we find yet another principle that determines the richness of the reception process that Telepatía offered us. By limiting the register to the capture of his Alpha waves, waves that favor the so-called Alpha state associated with moments of great creativity, Remedios confronts us with an intentional emphasis on the questioning of the very concept of creativity and the ways in which it has been inextricably linked to artistic praxis, when we in reality know that this is not always how it occurs.

At the same time, the action proposed an analogy between the workings of the brain, wherein neuronal movement, in addition to the processing, management, and distribution of information, also entails the reception of a multiplicity of responses, and the relationship that the art critic establishes to an artwork, which "…rises like a cerebral code transmitter, which then receives a cluster of responses to this transmission, whether through texts or other means."[3] Here, then, another important aspect in the understanding of this performance comes into play, one related to the receptive process, specifically where the role of the critic is concerned. Just like the critic, the artist's point of departure was the act of thinking and reflecting about art, while at the same time sending the bioelectric impulses that were produced by the effect caused by contemplating artistic phenomena and acts. However, the mediation of the art object's existence in relation to the direct connection between the art critic and his or her "raw material" is erased, as if a telepathic action—that is, the transfer of psychic content between individuals

---

[3] Artist's notes.

that is developed through the mind—was produced.

The win for conceptualism when it was declared that ideas were valid in and of themselves without needing to materialize is taken up once more as the thought that is the result of Telepatía is elevated to the category of a work of art. However, it is impossible to avoid the cynical nature of such an annulment: it transcends the very epidermis of the artistic text and even the totalitarian complexity of its existence in order to implicate the exercise of criticism, which, though derivative, is in essence autonomous. With that, one can pose a dualistic critique that insists, on the one hand, on the revision or questioning of the work of art per se: of its traditional modes and operations but above all of those of our art, Cuban art, of the contexts and false stages into which it is presently inserted, and on the other, of the false approximation, or perhaps not so much false as démodé, put forth for the conceptualization—let us think of this Biennial's approximation, for instance—of the legitimating agents as well as certainly the role of the receiving subject in these processes.

Consequently, Telepatía served as a meta-critique, throwing into sharp relief that the debate over art and its ontological condition remains wide open and that there is still much light that can be shed on this issue, since, as Adorno notes,"…It is self-evident that nothing concerning art is self-evident anymore, not its inner life, not its relation to the world, not even its right to exist."[4]

---

4   T.W. Adorno, Aesthetic Theory, trans. Robert Hullot-Kentor (Minneapolis: University of Minnesota Press, 1998),

ADDEND
ANEXO

Of the twenty-three people who were sent recordings of cerebral activity, only two replied:

Rubén del Valle Lantarón, Presidente of the Cuban Visual Arts Council:
Héctor Yanier Your messages do not interest me, take me off your list. You are violating my privacy.

David Mateo, art critic and former Havana Biennial curator:
I already got the message please do not send it again.

De las veintitrés personas que recibieron el registro de la actividad cerebral, solo dos replicaron:

Rubén del Valle Lantarón, Presidente del Consejo de las Artes Plásticas de Cuba:
Hector Yanier no me interesan tus mensajes, sácame de tu lista. Estás violando mi privacidad.

David Mateo, crítico de arte y excurador de la Bienal de La Habana:
Ya me llego el mensaje por favor no lo envien mas.

www.ingramcontent.com/pod-product-compliance
Lightning Source LLC
Chambersburg PA
CBHW051923210526
45473CB00006B/2115